图书在版编目（CIP）数据

图书馆管理与发展创新研究 / 王秋霞，金薇，王策著. -- 长春：吉林摄影出版社，2023.12

ISBN 978-7-5498-6071-5

Ⅰ．①图… Ⅱ．①王… ②金… ③王… Ⅲ．①图书馆管理—研究 Ⅳ．①G251

中国国家版本馆CIP数据核字（2023）第256344号

图书馆管理与发展创新研究
TUSHUGUAN GUANLI YU FAZHAN CHUANGXIN YANJIU

著　　者	王秋霞　金　薇　王　策
出 版 人	车　强
责任编辑	吴　晶
封面设计	文　亮
开　　本	787毫米×1092毫米　1/16
字　　数	210千字
印　　张	9.75
版　　次	2023年12月第1版
印　　次	2023年12月第1次印刷
出　　版	吉林摄影出版社
发　　行	吉林摄影出版社
地　　址	长春市净月高新技术开发区福祉大路5788号
	邮编：130118
网　　址	www.jlsycbs.net
电　　话	总编办：0431-81629821
	发行科：0431-81629829
印　　刷	河北创联印刷有限公司
书　　号	ISBN 978-7-5498-6071-5　　定　价：56.00元

版权所有　侵权必究

前　言

随着数字化、全球化、信息化、网络化、技术化和智能化等多元化方向的发展，我国图书馆出现了业务流程不合理，浪费读者时间和精力；业务操作的不规范，影响了图书馆管理的工作效率以及馆员的职业形象；服务质量水平落后；空间设计有缺陷；信息技术应用过慢等问题，给图书馆自身和读者带来了负担。图书馆该怎样才能适应新的形势，更快更好地发展，应是图书馆管理层关心和研究的重要课题。

社会不断发展，新的知识不断涌现，图书馆作为知识和信息集散的重要场所，为人们提供便利的同时，也面临着资源积累逐渐庞大的压力，给数据的存储、分类和检索带来了巨大的挑战。基于现代化信息技术的飞速发展，不仅实现了图书馆海量知识的电子格式存储，而且提供了相应的检索、添加、修改、删除和保存功能，特别是信息检索功能，为用户进行数据信息的查找和使用带来了极大的便利。

在数字环境下，用户的信息需求、获取信息的方式以及对服务的期望都在发生着变化。图书馆必须适时地进行策略调整，对服务进行根本性的改革。必须在传统服务的基础上积极进行全面的管理和服务创新研究。

第二节　图书馆信息管理系统优化与发展 …………………………………… 138

第三节　图书馆服务环境的优化 …………………………………………… 141

第四节　高校图书馆数字化服务管理及优化 ……………………………… 146

参考文献 ………………………………………………………………………… 149

第一章 图书馆管理基本概念

第一节 图书馆管理概述

图书馆管理是遵循图书馆工作的客观规律，应用现代管理学的原理和方法，合理地组织图书馆活动，有效地利用图书馆的人力资源和物质资源，使其发挥最高效率，达到预定目标的过程。图书馆管理在此过程中不断审查改进，最终圆满地完成任务。

一、图书馆管理的含义

在我国，对于图书馆管理含义的认识是随着国外管理学理论和方法的译介以及图书馆管理实践的发展深化而逐渐完善起来的。在这个过程中，人们提出了许多图书馆科学管理的定义。下面是在图书馆界流行的几种说法。

1."图书馆工作的自动化管理就是图书馆科学管理"。毫无疑问，图书馆是要实现自动化管理的，利用自动化手段进行图书馆业务工作的集成化管理是图书馆工作现代化的重要特征之一。但是，图书馆管理是一个完整的概念，包括人员管理、经费管理、设施和设备管理、业务工作管理、图书馆事业管理等，绝不是"自动化管理"所能包括和代替的，因为它只是现代化技术在图书馆工作的应用问题，是图书馆管理的一个手段。

2."图书馆内各个工作环节之间的高度协调一致就是图书馆科学管理"。不可否认，图书馆内各个工作环节之间的高度协调一致是图书馆达成有效管理的标志之一；但是，仅仅有了这种协调一致并不等于达成了有效的管理。这是因为管理包含了决策的过程，如果决策失误，协调一致可能会产生更大的副作用，只有在正确决策的前提下，各个工作环节之间的高度协调一致才能发挥出积极的作用。

务和方针以及特定读者群的文献信息需求,经过长期日积月累而形成的文献信息体系。随着科学技术的发展,载体越来越丰富多样,图书馆的文献信息资源有印刷型资源、缩微型资源、声像型资源、电子型资源和网络资源等。对这些资源进行管理既要确保文献信息资源的系统完整,又要便于读者对文献信息的充分利用;既要着眼于馆藏的特色建设,又要做好资源的共建共享。

2. 建筑设备。建筑设备又称"设备",是图书馆生存的物质条件。传统图书馆设备包括建筑、书架、目录柜、阅览桌椅等。现代图书馆设备除了传统图书馆设施以外,还包括许多现代化技术设备,如视听设备、复印设备、缩微阅读设备、传真设备、文字处理设备、图书馆计算机自动化系统、图书馆消防安全系统、中央空调系统、局域网以及互联网接口等。这些设备划分为两大部分:一部分是围绕着业务工作而产生的现代化技术设备系统;另一部分是为业务主体服务的行政后勤服务技术设备系统。

3. 技术设备。技术设备以自动化系统为核心,由计算机软件系统、硬件系统和数据库三大部分组成。随着科学技术的发展、数字化图书馆的出现,信息设施、信息资源、信息人员的智力将融为一体,图书馆的自动化系统会越来越趋于完善。图书馆的建筑设备将会随着这些技术方法的应用而发生很大的变化。为此,图书馆的管理者应用战略的眼光去规划和建设图书馆文献信息服务技术设施体系,为信息资源体系的形成、维护、发展以及开发利用提供条件。

(三)财力资源管理

图书馆的财力资源主要来源于政府对图书馆的拨款以及社会各界对图书馆的资金投入。图书馆的经费开支主要用于购置各种载体的文献信息资料、业务活动开支、行政管理费用、员工工资、设备维护费等。经费预算是图书馆经费管理的一项基础工作,在预算的执行过程中,应该有严格的经费结算制度。管理者应通过核算执行情况,为经费管理提供相关信息。在经费管理过程中,管理者应加强财务制度,严格执行相关的财务制度和规范,通过严格的财务制度管理图书馆的经费,以最低的成本产出最大的效益。

三、图书馆管理的特征

图书馆管理在方法上是管理过程的系统化。系统化管理是现代图书馆管理最本质的特征。这个本质特征把现代图书馆管理同传统的行政管理和经验管理区别开来了，从传统的行政管理和经验管理到系统化管理经历了一个由简单到复杂、由低级到高级的发展过程。系统化管理是图书馆管理的最新阶段，它具有以下三个显著的特点。

（一）整体性

把图书馆看成是一个系统，图书馆的一切活动被看成是一个整体。要使图书馆的一切活动处于良好的运动状态，图书馆管理应具备以下条件。

1. 必须有现代的管理思想。要有效地实行现代图书馆管理，就不能因循守旧、安于现状、故步自封，不能满足于已有的管理经验，而应该不断学习、勇于革新，开拓图书馆工作和图书馆事业建设的新局面。

2. 必须有科学的方法和手段。应当对图书馆系统各层次、各环节进行质的划分，并规定量的比例，逐步建立起图书馆系统各层次、各环节的数学模型，保证系统管理的有效实现。要根据工作目标和工作环节的分解实行定额管理。工作定额是指每个图书馆工作人员在一定的时间内保质保量地完成工作。实行定额管理是图书馆劳动组织的一个重要内容。实行定额管理可以提高工作效率，保证工作任务完成。另外，要辅之以行政管理和经济管理等多种管理手段，推动图书馆管理水平的不断提高。

3. 必须有严格的规章制度。要使图书馆系统正常运行，必须有严格的规章制度。否则，工作无依据，办事无准绳，奖罚无根据。

4. 必须有统一的业务标准。图书馆的各项业务活动必须规范化、条例化。

5. 必须有合理的智力结构。图书馆从业人员的学科结构要合理，既要有图书馆学信息学人才，也要有自动化技术人才，还要有其他各专门学科的人才。此外，各层次人才要成比例。有研究者经过调查研究和科学分析后，认为对图书馆业务人员而言，应当建立 1：3：9 或 1：5：15 的人才结构比例，即 1 名高级馆员配 3~5 名馆员，1 名馆员配 3~5 名助理馆员。但是，图书馆的类型不同、性质不同、基础不同，智力结构也应各有不同。

它具备了系统功能、层次结构、整体性以及与外界进行物质、能量、信息交换的普遍特征，因此，系统理论成为图书馆管理的主要指导思想。系统管理必须注意五个环节。

（1）目的性：任何系统的存在都有其特定的功能和目的，图书馆作为"一种社会机构或服务，对于文献进行系统收集、加工、保管、传递，对文献中的知识或信息进行组织、整理、交流，以便用户能够从文献实体书、信息及知识三个层面上获取它的资源"。其基本职能是收集、整理和提供使用，其目的是满足读者的知识信息需求。尽管各类型的图书馆因方针、任务和用户对象的不同具体目标有差异，但图书馆整个系统的目的是一致的，都是一切为了读者。图书馆围绕这一基本功能和目的来设计系统结构、设置系统部门、确定具体工作岗位、安排工作任务。每一个部门乃至每一个人的工作都不能仅仅从自身目的出发（为了工作而工作），而应当记住大系统的总目标，服从总目标，为实现系统的目标而努力。

（2）整体性：管理必须有全局观点，必须有一个系统的统筹规划，必须有一个考虑了尽可能多的因素的模式。

（3）层次性：系统的各层次之间应该职责分明，领导做好领导的事，各层做好各层的事，这样才能达到有效的管理。

（4）联系性：图书馆各系统间由于工作性质不同产生了各个不同的部门，但它们彼此是有相互联系的，每个部门或系统出现问题或纰漏都会影响其他部门的工作。

（5）均衡性：图书馆各个系统必须维持均衡发展，因为它是图书馆系统的有机整体，一环套一环，不可有偏重。

2. 集中原则。集中原则是我国图书馆事业管理的重要原则。集中管理包括以下四层含义：①指图书馆事业建设要有集中统一的管理，以便协调全国各系统、各地区图书馆的工作，有目的地规划全国图书馆事业的发展，组织全国性的图书馆事业网络或图书馆联盟；②指图书馆业务技术工作的标准化和规范化，其中包括统一分类、统一编目、统一数据存储格式和信息交换标准等；③对图书馆立法、人员编制、人员技术职称等行政工作集中管理；④具体到一个图书馆要有一个明确的办馆思想，这是贯彻集中统一管理原则的思想基础，还要建立健全一套较为完善的图书馆政策和规章制度，做到依法治馆。

3. 民主管理。这是我国图书馆管理的又一重要原则。所谓民主管理，就是吸收图书馆工作人员和用户代表参加图书馆的管理工作，图书馆可以建立有馆员和用户代表参加的民主管理组织。建立这个组织的目的是提高图书馆管理的水平，它在图书馆管理上起着参谋作用，其任务有四：①对图书馆工作提出合理化建议和改进意见；②督促图书馆工作计划的执行；③对专业人员的安排和使用提出建议；④对领导干部的工作进行监督等。

4. 动力原则。图书馆是一个不断运动着的、变化的客体，没有运动，图书馆亦不复存在，而任何运动必然有其动力来推动，图书馆发展的动力来源于用户的需求和内部工作人员的活力激发。现代图书馆管理的基本动力如下：①物质动力。这是满足图书馆工作者生理需要的最根本动力，包括工作人员的工资级别、奖金发放、福利待遇等。②精神动力。包括事业理想、精神鼓励、发展前途等。③信息动力。信息不仅为管理者提供了决策依据，而且也为被管理者提供了行动的推动力。

这三种动力在不同的时间、不同的场合起着不同的作用。只有正确使用各种动力才能提高管理水平。

5. 效益原则。效益是管理的根本目的，管理就是对效益的不断追求。图书馆管理就是提高办馆效益。图书馆办馆效益包括社会效益和经济效益。社会效益是通过为用户提供知识信息服务而产生政治、经济、文化、思想等方面的效果。这是图书馆存在的价值取向，但这种社会效益多半是隐性的、长期的，不容易用数字来衡量，可以通过改善服务来提升图书馆的社会效益。经济效益就是要管理者潜心研究如何最合理地使用人力和经费，最充分地发挥馆舍和现代化设备的作用，以有限的经费购买读者所需要的文献资料，用最经济的劳动加工存储文献信息，以最快的速度为读者提供优质服务，从而保证图书馆各种活动的最大效能。

二、图书馆管理的意义

1. 图书馆管理是图书馆发展的需要。一个图书馆少则几十人，多达数百人甚至上千人，其工作内容复杂，程序繁多。面对这样一个系统工作，需要将它的工作环节的每一个单元环节、物资设备和工作人员按照一定的组织法则有序地装配在一个系统的

1. 决策。任何图书馆系统及其所属的子系统的管理过程都离不开正确的决策。图书馆系统的决策主要包括图书馆发展方针、政策、战略方面的决策；各项业务工作的决策，如采集文献品种与复本数量的决策、分类法的选择、馆藏划分最优方案的选择、排架方式的选择、开架与闭架方式的选择等；人事方面的决策，包括人员智力结构的确定、人员更新与培训的方式、奖惩制度的制订等；财务、设备方面的决策，包括经费预算及其合理分配，设备、用品的选择等。正确的决策来源于正确的判断，正确的判断来源于周密细致的调查研究。因此，深入调查研究是决策过程中避免失误和少犯错误的重要一环。

2. 计划。计划是管理过程中一个十分重要的因素。计划是一种预测未来、确定目标、决定政策、选择方案的连续过程，是图书馆各项活动的指针，图书馆系统的各方面决策都是要通过计划去实现的。

图书馆计划包括两个基本方面：国家图书馆事业发展计划和个体图书馆的发展计划。

国家图书馆事业发展计划应包括：①图书馆事业总体规划：规定图书馆发展的总量与速度，确定重点与比例，平衡各类型图书馆的建设和布局；②图书馆网的发展计划：规定图书馆网的组织形式及其结构；③专业人员的培养计划：包括正规的学校教育、职业技术教育、函授教育、在职教育等多层次教育形式；④科学研究与协调发展计划：包括基础理论研究、重要科研项目、技术设备和服务手段以及引进技术与大型协作计划等。

个体图书馆的计划有长期计划与短期计划、全馆计划与各个业务部门的计划、本馆的整体发展规划与各局部的发展计划等。

计划是由定额、指标、平衡表三部分组成的。各项定额是发展计划的基础，计划的内容和任务则体现在指标中，计划就是综合平衡，平衡表是基本手段和工具。国家图书馆事业发展计划是各分项计划的集合，一个馆的总体计划是本馆内各个部门计划的集合。在制订各项计划时，应明确该项计划的主要任务及其在总体规划中的地位和作用，认真选取衡量该项计划发展水平的主要指标，确定发展的规模和发展速度，突出发展重点，规定适当比例，注意各项计划之间的协调。应当指出，在编制图书馆计划时，必须通过统计工作收集可靠的数据指标并根据各项相关的指标谋求最佳的发展方案。

3. 组织。组织指对活动所需的资源加以组合、建立组织的活动与职权间的关系的过程。组织是发挥管理职能、实现管理目标、完成计划的保证。组织工作是一个分工的行为，同时又是一个组织各方进行协作的行为。组织工作还包括人事工作，亦称人员配备，即为组织的工作过程中设置的工作岗位配备合适的职工人选。因此，在图书馆管理系统中必须要有健全的组织机构，明确各个工作岗位的职责，确立各级人员之间的相互关系，做到职责分明、权责结合。只有这样才能实现管理过程中的各项决策和各项计划。

4. 领导。领导影响人们为实现组织的目标而努力，包括激励、领导的方式方法、沟通等问题。图书馆要建立合理的领导层的群体结构，注意选拔主导型人才，重视领导者群体的智力结构，加强领导者之间的团结协作。图书馆的领导者应当注意在正确运用合法权力、奖励权力、强制权力之外，学习和掌握图书馆专业知识和管理知识，不断完善本人各方面的素质，增强自己的专家权力和个人影响力。要重视对领导艺术的学习与实践，包括授权艺术、决策艺术、会议艺术、用人艺术、奖励艺术等。

5. 控制。按既定的工作计划、标准去衡量各项工作成果并纠正偏差，使工作按计划的方向进行。所以，控制不仅是对现有工作成果进行评定，更重要的是认识和判断工作发展的趋势并为改进工作提供信息反馈。可以说，没有良好的信息反馈，图书馆就无法对自己的各项工作进行有效的控制。这是因为控制的功能是通过输入、中间转换、输出、反馈四个环节实现的。输入包括两个方面，一是物流的输入（包括人、资金、设备、物资、文献等）；二是信息流的输入（包括各种决策、计划、规章制度等）。中间转换包括物流、信息流在图书馆各层次系统中的实际运动过程。输出包括品种、数量、成本等各种指标。反馈即将输出信息回收到输入端，与原给定物流、信息流进行比较，发现差异，查明原因，干预以消除。这样就达到了控制的目的。反馈是控制中最重要的一环，反馈的信息有真假之分，必须对反馈的信息进行去伪存真的分析，以便对图书馆系统的各个工作环节进行有效的控制，保证图书馆均衡地完成工作计划，取得最佳的服务效果。

6. 协调。协调是管理过程中不可缺少的环节，它可以使图书馆事业的建设或一个图书馆的各项工作趋向和谐，避免矛盾和脱节现象。图书馆的协调从微观角度来看指的是图书馆内部纵向和横向的协调。纵向协调就是要保持图书馆各层次子系统的上下平衡；横向协调就是要保持图书馆系统各层次彼此之间的协作，以避免各个工作环节和各个部门之间发生脱节或失调现象。图书馆的协调从宏观角度来看是指与图书馆外部的协调。这种馆际协调也分为纵向层次的协调和横向层次的协调。纵向层次的协调指的是本系统图书馆从上至下的协调；横向层次的协调指的是本图书馆系统方针、任务与其他图行馆系统的协调。如省级图书馆属于公共图书馆系统，除了要与整个公共图书馆系统协调外，还要同高等学校图书馆系统、科学图书馆系统及其他图书馆系统进行横向协调，使各个图书馆系统紧密联系、均衡发展，从而充分发挥各种类型图书馆的功能，为广大用户服务。

二、图书馆管理的方法

图书馆管理方式、方法就是图书馆机构行使管理职能和实现管理目标的手段、措施与途径的总称。图书馆管理活动的各个层次、各个过程、各个环节都有与之相配套的方法。每种方法在管理活动中有各自的地位、作用和特点。同时，每一种方法都存在着局限性。因此，综合运用各种方式、方法使之互相补充、相辅相成是管理工作必须把握的关键。现代图书馆管理的方式很多，主要有计划管理、规章制度、岗位责任制、目标管理、馆长负责制、图书馆统计等。

1. 计划管理。图书馆计划管理的核心内容是图书馆计划。从制订计划到实施计划再到检查计划的执行情况并据此进行调整，直到最后实现计划的预期目标，这是实行计划管理的全过程。实施计划管理的前提是编制切实可行的工作计划。图书馆计划的编制需要遵循科学、客观、灵活、统筹等原则。一般来说，编制计划需要经过四个步骤：①现状调查，提出设想；②获取信息，回溯分析；③预测未来，确定目标；④制订方案，择优决策。

图书馆制订计划、做出决策之后，只有通过执行计划才能将所确定的计划指标转化为工作成果，以实现既定的目标。计划的执行需要做到如下几点：分解计划指标，合理分工，明确职责，反馈控制，协调一致，及时总结。计划—实践—总结—再计划—再实践—再总结……周而复始，不断提高，不断发展。

2. 制度管理。图书馆规章制度是指图书馆工作人员或用户必须遵守的工作条例、章程、规则、细则和办法。它是实行科学管理有效的依据和准则，是整个图书馆工作正常而有秩序进行的保证。

各类型图书馆——特别是工作内容比较复杂的大型图书馆——必须建立一套严密的、科学的规章制度。建立规章制度时需要考虑四个方面的关系。①图书馆与用户的关系：既要以方便用户使用为出发点，又要建立在管理科学化的基础上。②用户与用户的关系：制定规章制度时要体现在保证重点用户需要的前提下满足一般用户的文献信息需求。③利用馆藏文献与保管文献的关系：图书馆的各种规章制定应当从便于用户利用馆藏文献出发，但同时也要考虑保护图书馆财产的完整。④图书馆内部各部门的关系：图书馆应当建立一整套的规章制度，包括行政方面的，也应该包括业务方面的。行政方面的规章制度主要有组织管理制度、岗位责任制度、人员管理制度、业务技术职称的评聘制度、经费的管理与使用制度、行政管理制度、安全保卫制度、统计制度。业务方面的制度主要有文献资料的入藏制度、文献资料的分类规则、文献编目规则、目录组织规则、文献借阅规则、书库管理制度、自动化工作管理制度等。

3. 计划管理岗位责任制。岗位责任制是以规章制度的形式明确规定每个工作人员的岗位以及应该达到的基本要求和应负的责任，还要据此进行考核和奖惩。其核心内容有如下几项：①科学设定岗位，明确岗位工作范围；②明确各岗位的责任和具体任务；③规定每项工作数量、质量和时限的标准；④规定各岗位人员处理问题的权限；⑤规范各岗位人员的职业道德；⑥规定严格的赏罚。

4. 目标管理。目标管理是一种系统，在该系统中，下属和上级共同确定具体的绩效目标，定期检查完成目标的进展情况并根据这种进展给予奖励。它是以重视成果的思想为指导，共同确定一定时期的总目标，通过层层分解、自我控制、自我管理手段来达到目标的一种管理方法。

目标管理的含义应包括六个基本要素：①以重视结果的思想为指导；②主管人员与下属人员共同确定该组织一定时期的目标；③将其共同目标进行分解，落实到各个部门及个人；④根据预期个人将达到的目标明确个人的责任范围；⑤每个人围绕目标自觉工作、自我控制、自主管理；⑥依据预定目标对达到的成果进行检查和评价。

图书馆目标管理是运用目标管理方法来开展图书馆各项管理活动。它包括以下几个环节：①制定总目标；②层层分解目标；③制定落实措施；④安排人力和物力；⑤实施和控制；⑥效果评定。

相对于岗位责任制而言，目标管理更适用于图书馆的工作性质和工作特点，更能体现图书馆目标的整体性，更能充分发挥人的自觉性和创造力，能更好地促进馆员业务素质的提高。因此，目标管理成为我国图书馆的一种重要的管理方法。

第四节 工作组织管理及管理模式

一、工作组织管理

（一）业务机构的设置

图书馆业务工作是一种工序很多、前后衔接、连续性强的工作。把图书馆业务工作的许多工序合理地组织起来并设置一些业务机构把它统管起来，是搞好图书馆工作的一个重要条件。

图书馆需要设立哪些业务机构一般没有统一的标准和规定。各图书馆应根据自己的任务、馆藏、人员、设备等因素统一考虑、统筹安排。

业务机构设置首先应该有利于管理，各部门之间既有明确的分工，体现各个部门的工作范围、职责，又便于相应的协作，互相补充，发挥整体的作用。机构的上下之间分级管理能充分调动全馆工作人员的积极性。要把那些性质相近的工序组织在一起，减少往返传递，避免重复劳动，节省人力和时间，提高各项工作的速度和质量。

一般来说，工序是图书馆设置业务部门的主要依据。按工序设置业务部门有利于组织业务工作，便于业务部门之间的相互联系。一般来说，传统的图书馆通常设立下列部门。

1. 采编部门。主要负责文献资料的采访、征集、验收、登录及注销；文献资料的分类、编制和主题标引；文献采购的协调和馆际交换；编制新书通报等。

2. 外借阅览部门。主要负责用户登记、发放借书证件；办理馆藏文献的外借和阅览；管理并指导用户使用目录；宣传推荐文献，指导用户阅读；帮助用户复印复制资料等。

3. 参考咨询部门。主要负责编制各种专题书目索引；指导用户使用书目索引、文摘、题录及其他各种工具书；解答用户咨询等。

4. 文献典藏部门。主要负责基本书库和保存本书库的组织管理；办理文献的出库和归架；做好文献保护工作。

5. 业务研究辅导部门。主要负责本地区、本系统图书馆的业务辅导工作；组织本地区、本系统图书馆工作经验的交流和图书馆业务的研究；收集、整理并保管图书馆学专业文献资料；有些图书馆业务研究辅导部门还负责办理本地区中心图书馆委员会和图书馆学会的日常工作。

6. 特藏部门。负责珍本、善本文献和其他特藏资料的管理和流通。

7. 自动化部门。负责本馆自动化管理系统的开发、管理与维护工作。

由于影响图书馆业务机构设置的因素很多，所以各个图书馆的机构设置并不是完全一致的。规模较大的图书馆可以分别设立采访部和编目部。规模较小的图书馆经常把采访与编目合并，设立采编部；把阅览与典藏合并，设立典阅部；把参考咨询合并到阅览部，不另立参考咨询部。我国的省、市公共图书馆普遍设立业务研究辅导部；有些大型的科学图书馆也设立了业务研究辅导部。有些大型图书馆按出版物类型把图书与期刊分开，单独设立期刊部；有些科学和高等院校图书馆按学科设置业务部门；也有许多图书馆采取先按工序，再按语种组织业务工作，采访部下面分设中文采访组和外文采访组；编目部下面分设中文编目组和外文编目组；典藏部下面分设中文书库和外文书库。有的图书馆为便于对不同类型文献的搜集、整理和利用，专设了古籍或地方文献部门，形成了一个从采访、典藏到流通的独立系统。为了加强信息服务工作，有些图书馆设立了信息服务部。

以上这些业务部门，依据图书馆规模的大小，可以称部，也可以称组，但部和组的工作性质和范围是相同的。

图书馆的全部业务工作是由上述各个业务部门分别完成的。各个业务部门既有明确分工和职责范围，又是相互联系的。在图书馆的全部业务工作中，用户服务工作是其中最重要的工作，文献搜集、馆藏管理、文献保管等各项工作都应以方便用户利用文献作为出发点。因此，图书馆业务机构都应以用户工作为中心来组建，抓住了这一点，业务机构的设置就有了明确的方向。

在虚拟环境下，图书馆的工作环节和程序将发生变化，相应的传统图书馆职能部门如采购、典藏、服务等部门的职能将扩展，可按任务组成信息理集部、信息转换部、数据描述部、数字化服务部、技术支持部等部门。为适应市场经济对图书馆的要求，有些图书馆还设立了文献开发部门，负责创收与开发工作。当然，传统型出版物的典藏、服务部门等还将继续存在。

（二）规章制度的设立

1. 建立图书馆规章制度的意义。图书馆规章制度是指图书馆工作人员或用户必须遵守的工作条例、章程、规则、细则和办法。它是图书馆实行科学有效管理的依据和准绳，是整个图书馆工作正常而有秩序进行的保证。

各种类型的图书馆，特别是工作内容比较复杂的大型图书馆，必须建立一套严密的、科学的规章制度。一个图书馆工作效益的大小、工作秩序的好坏都与是否认真建立或严格执行各种规章制度有着直接关系。

严密的、科学的规章制度不仅要正确地反映图书馆业务工作和技术操作的特点和规律，成为进行业务技术工作的准绳，而且要正确地解决图书馆内各个部门、各个工序和各个环节的业务技术问题、工作人员之间的关系问题以及图书馆与用户、一部分用户与另一部分用户之间的关系问题。

严密的、科学的规章制度应体现出人们在实践中积累起来的成功经验，也可以说是经验的法定化、条例化、规范化。它应当揭示出图书馆提倡什么、反对什么、约束什么，使图书馆的管理者和使用者都按照规章制度办事，保证工作正常有秩序地进行下去。图书馆规章制度是图书馆工作实践经验的总结和概括，但随着图书馆工作的发展和人们认识的深化，它并不是一成不变的。人们应当根据客观情况的变化及时地检查规章制度，发现确实有不合理的或者是有弊病的，就得坚决地加以改革。在改革规章制度时，要严格划分合理的制度与不合理的制度、正确的制度与错误的制度、必要的制度与"清规戒律"之间的界限。图书馆业务工作具有很强的积累性、持续性和连锁性，尤其是属于业务操作技术方面的规章制度更要保持最大限度的稳定性和规格化，应尽量减少和避免不是十分必要的变动。对于必须要改的规章制度，破了必须要立，最好是先立后破、边立边破，以防青黄不接、难以为继，使工作发生混乱。

2.图书馆规章制度的建立和执行。图书馆在建立规章制度的时候一定要严肃认真，本着"凡事慎于始"的精神，力求新订的规章制度符合实际，科学严密。建立规章制度时需要考虑以下四方面的关系。

（1）图书馆与用户的关系：图书馆制定各种规章制度既要以便利用户为出发点，又要建立在管理科学化的基础上，两者必须统一起来。所谓对用户的便利，是指对全体用户的便利，不能是便利一部分用户而损害了另一部分用户的利益。而且，这种便利是长远的便利。因此，需要以科学有效的管理来保证。

（2）用户与用户的关系：制定规章制度时要体现在保证重点用户需要的前提下满足一般用户文献信息需求的原则。从整体上看，图书馆要保护多数用户的利益。例如，图书馆为了严防丢失损坏文献资料而订立的某些制度，目的就是要保护全体用户的共同利益。

（3）利用馆藏文献与保管文献的关系：图书馆的各种规章制度应当从方便用户利用馆藏文献出发，但同时也要考虑到保护图书馆财产的完整。利用文献是图书馆工作的目的，保管文献是为了更好地利用馆藏。图书馆工作人员应从健全规章制度和掌握规章制度方面来调整利用馆藏文献与保管文献的关系。在一般情况下，图书馆的馆藏以满足借阅为主，但在某些情况下，某一种文献或某一类文献，在一定时间内，也可以仅供用户在馆阅览，不能做馆外流通。某些文献只借给科学研究用户，不借给一般用户。这样做是为了保证重点用户的迫切需要，也是从便利用户借阅出发的。

（4）图书馆内部各部门的关系：图书馆内部各部门的工作是一个有机的整体。只有保持各项工作的平衡，图书馆工作才能保证正常开展，否则就会形成工作被动甚至混乱。全馆工作的平衡主要指的是文献资料的收集、整理工作与流通推广工作之间要保持平衡。应加强收集、整理、典藏等基础工作，为流通推广工作创造更为有利的条件。

建立、健全严密科学的规章制度既是图书馆管理工作中的重要环节，又是一种极为重要的管理手段。凡所制定的各种规章制度，一旦批准生效，就应当坚决执行。图书馆的全体工作人员和全体用户都有权监督和保证规章制度的执行。为了保证各种规章制度的贯彻执行，还要建立监督检查制度，把贯彻执行规章制度与干部考核、奖惩工作结合起来。

3. 图书馆规章制度的内容。图书馆应当有一套既包括行政工作方面的也包括业务工作方面的制度。行政工作方面的制度主要是组织管理制度。它是图书馆开展工作的总纲领，应该对本馆的性质、方针、任务、领导分工、业务工作、会议、学习等问题做出明确的规定。其中，业务工作方面的制度最基本的有以下几种。

（1）文献采集工作制度：包括文献采集的标准和办法及文献采集工作细则。在文献采集的标准和办法中，必须明确规定采集原则、收藏范围、复本标准、采集计划、文献经费使用方法、审批手续和订购办法等。文献采集工作细则是采访人员进行工作的具体守则，它的内容包括采集工作过程的操作技术、质量要求及有关的注意事项，例如文献及用户需求的调查研究、补充、交换、登记、盖章、移交、注销和文献统计分析等工作的细则。

（2）编目工作制度：它包括编目工作细则、文献分类规则、文献著录条例、目录组织规则等。编目工作细则是对编目工作的总规定，它指出编目工作的整个流程、方法依据、操作技术和质量要求等。由于编目的对象既有图书、期刊、报纸，又有音像资料、计算机文档等，它们的工作流程、方法依据以及操作技术等多少有些不同，所以也应分别加以规定。文献分类规则的内容主要是对分类法的选择和增删以及对文献进行辨类和归类方法的一些规定。因为文献分类规则牵涉到分类目录组织和文献的分类排架等问题，所以制定时应充分考虑本馆的专业特点、馆藏文献成分和用户需要等情况。文献著录条例是关于各种类型文献著录方法的规定。目录组织规则包括对目录体系和目录组织办法的规定。

（3）借阅工作制度：包括用户借阅规则、阅览工作组织。用户借阅规则主要是面向用户的。用户借阅规则，又可分为用户登记、借书证和阅览证的发放原则和办法、借阅办法、阅览室规则、文献复制规则、赔偿规定等。阅览工作细则除对用户提出一些守则性的要求外，还要明确馆员如何接待用户和如何保管文献，规定服务范围、对象、标准等。

（4）书库管理规则：包括保存本书库、基藏书库、辅助书库及特藏书库的划分和管理。书库管理规则要对文献排架、出入库登记、馆藏文献动态统计、书刊出纳人员的职责、文献装订修补、剔旧、安全防范、清点等工作做出明确具体的规定。

（5）自动化工作管理规则：包括机房管理、数据保存、访问权限、数据安全、设备更新等方面的规定。

除上述几种规章制度外，为了加强图书馆的管理，还必须制定其他一些必要的规章制度，如经费使用和管理条例、设备管理和维修条例、岗位责任制和奖惩条例等。

所有这些规章制度都不是孤立地制定的。在这套规章制度中，既要对馆员和用户提出明确要求，也要对馆藏文献资料做出一些保护性的规定；既要注意处理与馆外有关方面的关系，也要注意处理馆内各部门之间的关系，还要注意规章制度的整体与部分之间、一项制度与另一项制度之间、同一制度的一条规则与另一条规则之间的前后呼应、互相衔接。

二、图书馆管理的模式

（一）资源管理模式

图书馆资源管理模式可归纳为以下几种，图书馆可根据自身的发展目标、本馆的特点加以选择或组合。

1. 小而全模式。指图书馆的整体规模（如藏书、建筑）等维持目前的动态平衡，但其服务手段和服务能力需要不断地加强，达到齐备完全的程度。对于小型图书馆，要保证配套设施的新颖性和全面性，力争与国内的同行业保持同步，这样才能保证图书馆网络化、自动化、数字化工作的顺利开展，以准、快、精、全的服务质量树立图书馆的新形象。采取"小而全"模式的图书馆，应在检索手段、服务手段和网络设施等硬件建设上加大投资力度、给图书馆的"软"工作创造一个扎实的"硬"环境。

2. 专而深模式。现代意义上的图书馆不再是文献资料的收藏中心，必须要在如何充分利用现有的文献信息资源上下功夫。考虑到文献数量剧增、文献价格上涨、购书经费减少、服务对象的特殊性等因素，采取"专而深"模式的图书馆，其文献收藏要求求专舍全、求深舍广。收藏重点应放在本馆读者最常用的文献资料上，做到收藏有重点、服务有特色。

专而深的特色资源作为全球虚拟图书馆最基本的组成部分发挥着极其重要的作用。这些来自某个区域的各个分支信息，在网络上汇集成一个完整的虚拟图书馆，给人们提供全面而系统的服务。在新技术对传统图书馆的强烈冲击下，建立专而深的图书馆模式已经成为人们考虑的一种新的管理模式。

3. 网络化模式。在信息飞速增长的今天，再大的图书馆也无法包罗万象、全面收藏。因此，现代图书馆如果不借用外力去充分利用已有的劳动成果、开展馆际协作、实现资源共享，那它的路将越走越窄，服务只能越来越被动，逐渐被读者遗忘。信息化程度的提高和电子网络的建立使馆际交流与协作变得容易而频繁。从文献采访到文献查重，从集中编目到联合编目，从目录检索到全文信息检索，从馆际互借到资源共享，图书馆的基本业务都可以通过网络来实现。

现代图书馆的管理就应有这种合作意识，大胆冲破"围墙"界线，将其业务活动的领域逐渐向馆外延伸，与其他图书馆或信息服务机构协作，成为图书馆网络中的一员。大胆树立"大图书馆"的意识，在进行本馆业务发展规划时，把自己的业务活动与整个网络系统联系起来。

4. 信息导航模式。知识海洋浩瀚无边，蕴藏着取之不尽的信息宝藏，要从中找到适合自己的信息犹如大海捞针，更何况现代生活具有高效益和快节奏的特点，这使得人们难以把更多的时间和精力放在查找文献信息上。图书馆是文献信息的服务中心，图书馆员必须在信息社会中扮演并担负起"信息导航者"的角色，辅导读者合理利用所需文献合理地重组或开发第二、第三信息资源，避免重复劳动，理顺工作流程。这可以从两方面考虑：一是全面开展参考咨询工作，如开展综述、述评、文摘信息、剪报参考、定期服务、定题服务、开发专题文献数据库等工作；二是提高素质，当好因特网上的导航者，引导读者正确地检索信息，捕获具有研究参考价值的文献。

（二）组织机构模式

在现代与民主、自由与创新的管理趋势下，不同类型的图书馆采用适合本身特点的管理模式。图书馆组织机构的管理模式可以有以人为本的价值导向、以柔克刚的管理理念、有机弹性的组织结构、系统化的管理手段与方法、和谐一致的人际关系和文化氛围。

1.柔性化管理模式。组织机构是图书馆管理活动及其他活动有序化的支撑体系。传统的组织理论强调结构稳定、组织内部等级森严、层次间界限分明，往往会形成缺乏沟通、办事刻板的组织，这样的组织是无法适应多变环境的。柔性管理不再把组织结构看成是一个刚性的东西，而是把它看作柔性的、有适应性、有学习能力的有机体。很显然，柔性化的组织强化了部门间、人际交流合作，为图书馆的发展创造出了一个和谐融洽的内外环境，营造出了一种全新的文化氛围，为每个人的思想发挥提供了充分的条件和空间。

2.扁平化管理模式。扁平化是对"金字塔"式的层级管理模式的创新，其组织形态由传统的塔型结构向扁平型转变。组织结构扁平化取消了中层管理环节，既节省了一批人力资源，又使信息沟通与决策方式得到改善，客观上促进了领导与下属之间的交流与协商。扁平化管理提倡团队精神，虽然图书馆员根据工作需要经常流动，岗位不断变化，但责任依然明确。随着信息传递方式由阶层（等级）型变为水平（自由）型，与此紧密相关的图书馆管理组织结构也将从尖顶的"金字塔"形向扁平的矩形网络转变。一些中层组织将被削弱或走向消亡。那种分工过细、相互割裂的管理组织已不适应发展的需要。把相互关联的管理组织加以整合成了大势所趋。临时性的、以任务为导向的团队组织将取代原有结构中固定的和正式的组织。这种柔性的、灵活的虚拟组织已成为图书馆组织管理的重要形式。

3.虚拟化管理模式。虚拟化是指通过借用外部共同的信息网络及通道提高信息数据存储的一种方法。引用到组织管理中是指协同外部力量、整合外部资源的一种策略。沿海城市图书馆与内地图书馆，高校图书馆与公共图书馆，省级图书馆与市、县级图书馆，它们之间现代化的程度存在着很大差异，发展水平也极不平衡，甚至出现了"两极分化"现象。因此，寻求一种能够解决现阶段乃至今后我国图书馆事业发展的管理策略就显得十分必要。虚拟化管理模式所追求的目标是突破组织自身的有形界限，达到全方位借用外力的效果，以期取长补短、协同发展，各合作方达到"共赢"的效果。

（三）运行机制

1. 保障机制。作为公共文化服务的基本设施，图书馆首先应以国家投入为主，吸收社会各方面的力量，保证图书馆事业有稳定乃至逐步增长的资金来源，建立起图书馆事业的资源保障机制；其次，图书馆的各级行政主管部门应制定图书馆事业发展的方针、政策及规划，发挥导向作用，建立起图书馆事业的政策保障机制。

2. 协调机制。图书馆的各级行政主管部门有责任协调好图书馆的内、外部关系，为图书馆的事业发展提供良好的环境。其内容主要包括协调好图书馆与政府的关系，争取各级政府及其职能部门对图书馆事业的重视和支持。协调好各系统与图书馆之间的关系，形成一体化的图书馆服务网络。协调好图书馆与读者及社会各界的关系，增强全社会的图书馆意识。

3. 规范机制。首先，图书馆行政主管部门应就图书馆的办馆条件（如藏书人员、经费、建筑设备等）所应达到的低限做出明确规定；其次，各级主管部门应对图书馆的活动和效益情况发挥监督与控制作用；此外，还要制定完备的技术标准并监督其实施与执行。

4. 激励机制。理顺行政主管部门与图书馆之间的责任和利益关系，利用一切可能的手段和方式，调动广大图书馆员的工作积极性，努力提高图书馆的业务水平和服务效益。制定有效的激励机制是搞活图书馆的关键。

第二章 图书馆管理的主要原理

原理是指某种客观事物的实质及其运动的基本规律。图书馆管理原理是对图书馆管理工作的实质内容进行科学分析总结后而形成的，是图书馆管理活动的抽象，是对图书馆各项管理制度和管理方法的高度综合与概括，因而对一切图书馆管理活动具有普遍的指导意义。本章主要对图书馆管理的主要原理进行详细的讲解。

第一节 图书馆管理的系统原理

任何社会组织都是由人、财、物和信息组成的系统，任何管理都是对系统的管理，没有系统，也就没有管理。系统原理不仅为认识图书馆管理的本质提供了新的视角，而且它所提供的观点和方法广泛渗透到人本原理、能级原理、动力原理和效益原理之中，在图书馆管理原理的有机体系中起着统率作用。

一、系统原理所蕴含的几对基本概念

1. 系统与要素

系统论的创立者贝塔朗菲把系统界定为"处于一定的相互关系中并与环境发生联系的各组成部分（要素）的总体（集合）"。钱学森认为："系统是由相互作用和相互依赖的若干组成部分结合成的具有特定功能的有机整体。"

从系统的定义可以看出，一个具体的系统必须具备三个条件：一是系统必须由两个以上的要素（元素、部分或环节）所组成；二是要素与要素、要素与整体、整体与环境之间存在着相互作用和相互联系；三是系统整体具有确定的功能。这三个条件缺一不可，否则就不能构成一个具体的系统。要素始终和系统不可分割地对应着。要素是构成系统的必要因素，即组成系统的各个部分或成分，是系统最基本的单位，因而

也是系统存在的基础和实际载体。要素在系统中的情况一般可分为三种：不同数量和不同性质的要素可构成不同的系统；相同数量和相同性质的要素仅由于结构方式的不同，也可构成不同的系统；相同性质的要素仅由于数量的不同，也可构成不同的系统。系统和要素是对立统一的关系。首先，系统通过整体作用支配和控制要素；其次，要素通过相互作用决定系统的特性和功能；最后，系统和要素在一定条件下相互转化。

2. 结构与功能

所谓结构，是指系统内部各组成要素之间的相互联系、相互作用的方式或秩序，也就是各要素之间在时间或空间上排列和组合的具体形式。贝塔朗菲把结构称为系统的"部分的秩序"。

所谓功能，是指系统与外部环境相互联系和作用过程的秩序和能力。系统功能体现了一个系统与外部环境之间物质、能量和信息之间的输入与输出的变换关系。结构与功能之间的关系主要表现为如下几种情况：首先，由不同要素组成的不同结构的系统具有不同的功能；其次，由相同要素组成的不同结构的系统也具有不同的功能；再次，组成系统的要素和结构不同，可以具有相同的功能；最后，同一结构的系统可以具有多种功能。总之，由于客观世界的复杂性和无限性，系统的结构和功能的关系多样，变化无穷，在一定条件下可以转化。

3. 环境与行为

所谓环境，是指系统存在的外部条件，也就是系统以外对该系统有影响、有作用的诸因素的集合。在一个大系统中，对于某一特定的子系统来说，其他子系统可以看成是它的环境。环境实际上是同某一特定的系统相关的其他系统（或事物）的统称。

所谓行为，是指系统对环境的影响和作用的反应，即在系统与环境的相互作用中，环境对系统施加影响和作用以后，系统对环境的反作用。系统行为是由系统环境和系统内部状态两个因素引起的。其中，环境是产生系统行为的诱因或外部条件；系统内部状态是系统行为的根据或决定因素。系统行为归根结底决定于系统的内部状态，而系统的内部状态又取决于系统结构的优化程度。可见，系统行为实际上是系统的外部状态，即系统本质规定的外部表现。因此，在一定环境下，可以通过改变系统的内部状态来调节或改变系统的行为；也可以通过系统行为的研究来考察一个系统的内部状态，即系统要素及其结构方式。

需要注意的是，系统行为和系统功能是两个相近但又不完全相同的概念。系统的功能虽然也是在系统与环境的相互作用中表现出来的，但它只是着重描述系统与环境的相互作用中，系统对外部环境施加影响和作用的能力；系统行为则不然，它着重描述系统与环境的相互作用中，系统自身的外部活动状态以及状态变化过程。因而不能把系统行为和系统功能混为一谈。

二、系统原理的内容

系统原理是有关系统的基本属性、共同特征和一般规律的理论概括，主要体现在系统与要素、要素与要素、结构与功能以及系统与环境、系统与时间等关系上。

1. 系统整体性原理

系统整体性是指系统诸要素相互联系的统一性。整体性是系统最本质的属性，因而"整体"和"系统"这两个概念经常被同义使用。在这个意义上，贝塔朗菲指出："一般系统论是对'整体'和'完整性'的科学探索。"因此，整体性原理是系统原理的一个最基本的组成部分。系统的整体性根源于系统的有机性和系统的组合效应。系统整体性原理的基本内容有：要素和系统不可分割；系统整体的功能不等于各组成部分的功能之和；系统整体具有不同于各组成部分的新功能。

系统整体性原理对图书馆管理工作具有重要的指导意义。根据图书馆管理目标，把管理要素组成为一个有机的系统。图书馆管理的目的就在于把图书馆中诸要素的功能统一起来，从总体上予以放大。在这个意义上说，图书馆管理是一门把图书馆中的各种要素或各个部分协调起来，使之达到某种组织目标的学问；把不断提高要素的功能作为改善图书馆系统整体功能的基础。由于组成图书馆系统的要素是决定其整体功能状况的最基本的条件，因此改善图书馆系统的整体功能一般应从提高其组成要素的基本素质入手。图书馆系统是一个整体，一般由采访、分编、典藏、流通等部门或环节组成。任何一个部门或环节的功能素质不健全或相对削弱，都会在一定程度上影响图书馆的整体效应。因此，必须按照图书馆整体目标的要求，不断提高各个部门特别是关键部门或薄弱部门的功能素质，并强调局部服从整体、保证整体，以保证图书馆系统最佳的整体功能，保持图书馆系统要素的合理组合。系统整体性原理告诉我们，整体功能不守恒的实质在于结构是否合理。因此，改善图书馆系统的整体功能，不仅要注重发挥每个要素的功能，更重要的是调整要素的组织形式，建立合理的结构，从而使图书馆系统整体功能优化。

2. 动态相关性原理

任何系统都处在不断的发展变化之中，系统状态是时间的函数，这就是系统的动态性。系统的动态性取决于系统的相关性。系统的相关性是指系统的要素之间、要素与系统整体之间、系统与环境之间的有机关联性。它们之间相互制约、相互影响、相互作用，存在着不可分割的有机联系。正是由于系统内部诸要素之间、要素与系统整体之间、系统与环境之间的相互作用和相互联系，才构成了系统发展变化的根据和条件。动态相关性原理的实质是揭示要素、系统和环境三者之间的关系及其对系统状态的影响。

动态相关性原理的基本内容有：系统内部要素和要素之间的相关性；要素与系统整体的相关性；系统与环境的相关性。

从上述内容可以看出，动态相关性原理和系统整体性原理是紧密联系的。整体性原理是系统思想的核心，动态相关性原理则是整体性原理的延续和具体化。

动态相关性原理对实际的图书馆管理工作具有重要的指导意义。

（1）任何一个要素在图书馆系统中的存在和有效运行都与其他要素相关。图书馆系统中某个要素发生变化，就会引起其他相关要素的相应变化。例如：图书馆藏书规模的扩大，必然要求增加工作人员和书库空间；图书馆新馆舍的建成，必然要求对工作人员、藏书、设备等要素重新进行布局；一位新馆长的上任，必然会引起图书馆系统内一系列要素的变化；图书馆自动化系统的上马，必定要求对馆员进行培训；图书馆经费的缩减，必定会影响设备的更新与维护、工作人员的福利待遇、藏书建设水平等方面。因此，在图书馆管理实践中，当我们想要改变某些不合要求的要素时，必须注意考察与之相关要素的影响，使这些相关要素得以相应地变化。图书馆系统中各要素发展变化的同步性可以使各要素之间相互匹配，从而增强协同效应以提高图书馆系统的整体功能。

（2）图书馆系统内部诸要素之间的相关性不是静态的，而是动态的。要素之间的相关作用是随时间变化的，由此决定了系统整体的性质和状态也是不断发展变化的。因此，必须把图书馆系统视为动态系统，在动态中认识和把握其整体性，在动态中协调部分与部分、部分与整体的关系。图书馆管理的过程，实质就是把握藏书、馆员、读者、经费、设备等要素的运动变化特点，然后有针对性地进行调节和控制，最终实现图书馆管理的最佳目标。

（3）图书馆系统的整体功能存在于图书馆与环境的相关性之中。如果说要素之间的相关性形成系统的结构联系，使系统成为具有一定结构的整体，那么系统与环境的相关性则形成系统的功能联系，使系统具有某种整体功能。系统一定的整体功能，表明系统与环境必须按照一定的规律进行物质、能量和信息的交换，才能保持系统整体的性质，产生一定的整体效应。如果系统与环境的输入和输出关系遭到破坏，系统整体的性质和整体效应就会受到影响以致丧失。因此，一定要在图书馆系统和环境的相互联系和相互作用中认识和改善图书馆系统。

3. 层次等级性原理

一个系统的组成要素是由低一级要素组成的子系统，而系统本身又是高一级系统的组成要素。这种系统要素的等级划分，就是系统的层次等级性。层次等级性原理的基本内容有：层次等级结构是物质普遍的存在方式；处于不同层次等级的系统具有不同的结构，亦具有不同的功能；不同层次等级的系统之间相互联系、相互制约，处于辩证的统一之中。

系统层次等级性原理对图书馆管理工作具有重要的指导意义。首先，系统层次等级性原理可以指导人们合理设置图书馆管理层次。管理组织系统划分层次等级的主要原因在于管理对象的复杂性与管理者个人能力的有限性之间的矛盾。尽管今天的管理者比以往的管理者在能力和手段上有了普遍提高，但今天的管理对象要比以往复杂得多。管理对象的复杂化，使管理组织系统的规模日益扩大。对于规模较大的图书馆系统来说，合理划分管理层次，建立等级结构，可以削弱系统规模和对象复杂性之间的联系，缓解管理对象复杂性和管理者能力之间的矛盾。这是因为，把一个较大的管理组织系统划分为不同的层次等级，按照层次等级进行分级管理，可以使处在不同层次的管理者直接联系的人数（包括上级和下级）大体相当，从而使他们的管理能力和管理对象相适应。其次，系统层次等级性原理可以指导人们科学地分解图书馆目标。图书馆系统的层次等级是科学分解目标的组织基础。一个图书馆系统总是要根据自身的基本任务、上级的指令、当前的状况、发展的需要和各种内外条件来确定系统的总体目标，然后按照图书馆系统的层次等级将总目标分解为不同层次、不同部门的分目标。分目标要保证总目标，总目标指导分目标，从而形成前后衔接、上下贯通的目标体系。这样建立起来的目标体系，在组织上能使目标由上而下层层具体、层层落实，由下而上层层负责，层层保证；在内容上既能明确本级系统的基本任务，又能反映分目标和总目标的关系，便于处理局部和整体的矛盾。在明确每一管理层次、每个部门以至每个人的目标责任的基础上，授予相应的权力，进而建立起目标责权体系，使整个图书馆管理工作走上系统管理的轨道。最后，系统层次等级性原理可以指导人们按图书馆系统的层次实施层级管理。图书馆系统中的每一层级所处的地位不同，性质和功能也不同。每一个管理者都有自己相应的管理层次，处于不同层次的管理者各有不同的目标责任和要求。一般来说，同一层次各子系统的横向联系应由他们之间全权处理，只有在出现不协调或发生矛盾时才提交上一层次的系统来解决。上一层次系统的任务有两个：一是根据本系统的目标向下一层次发出指令，并检查监督指令执行的结果；二是解决下一层次中各子系统之间的不协调或相互之间的矛盾。当每一层次的任务明确以后，各层次的分系统均须围绕着本层次的中心任务开展工作并通力协作，上一层次一般不宜干预下一层次的工作，这样就能够形成有序的层级管理。

4. 系统有序性原理

系统的有序性是指构成系统的诸要素通过相互作用，在时间和空间上按一定秩序组合和排列，由此而形成一定的结构，决定系统的特定功能。系统的有序性标志着系统的结构实现系统功能的程度。因此，系统有序性原理的实质在于揭示系统的结构和功能的关系。系统有序性原理的基本内容如下。

（1）任何系统都有特定的结构。结构合理，系统的有序度高，功能就好；结构不合理，系统的有序度低，功能就差。

（2）系统由低级结构转变为较高级的结构，即趋向有序；系统由高级结构转变为较低级的结构，即趋向无序。

（3）任何系统必须保持开放性，才能使系统产生并且维持有序结构。

系统有序性原理对图书馆管理工作的指导意义表现在以下几点。第一，掌握系统有序性原理，有助于深入理解图书馆系统对外开放和对内搞活政策。任何图书馆系统都应该是一种具有活力的耗散结构系统。耗散结构系统的存在和发展必须具备两个条件：一是对外开放，二是内部要有活力。只有对外保持图书馆系统的开放性，才能从外部环境中吸收负熵流，以抵消内部的熵增，使图书馆系统处于非平衡态或远离平衡态，即造成图书馆系统向有序发展的外部条件。对内要有活力，就是要保持图书馆系统内部的非平衡态。这是因为，一个图书馆系统如果处于无差异的平衡状态，就意味着其内部不存在势能差。根据耗散结构理论，无势能差的平衡系统服从势能最小原理，因而必然是一个低功能系统。图书馆管理体制改革之所以要打破"平均主义"和"大锅饭"，引进竞争机制，目的就是增大图书馆系统内部的势能差，形成非平衡态。第二，掌握系统有序性原理，有助于提高图书馆管理的有序度。要提高图书馆管理的有序度，必须科学地安排图书馆系统诸要素的秩序，使之协调匹配，以减少内耗而求得统一的整体功能。为此，主要应使以下三个方面有序：首先是目标体系有序；其次是目标实施过程有序；再次是组织系统有序。

第二节 图书馆管理的人本原理

在管理学的整个发展过程中，"人"始终是一个最基本的概念。任何一种管理理论都是依据对人的一定看法而提出来的，各种管理理论的区别大多可以归结为对人的理解不同。如，传统的管理理论往往把人当作手段来看待，认为人和机器等工具一样，无非是达到某一目的的手段；而现代管理学则普遍地摒弃这种看法，把人看作是目的，认为人本身是一切管理活动的最终目的。所以，对于现代管理学来说，关于人是手段还是目的的争论已经有了明确的答案。

一、人本原理的含义

所谓人本，顾名思义，就是以人为根本。概括地说，图书馆管理的人本原理是指在图书馆管理活动中，坚持一切从人出发，以调动和激发人的积极性和创造性为根本手段，以达到提高管理效率和人的不断发展为目的的原理。

该原理具体包含以下几层含义。

1. 人的因素第一的观念。所谓人的因素第一，就是在观察任何事物、处理任何事情、解决任何问题时，都把人的因素看成是首要因素、关键因素、决定性因素，既不是重物不重人，也不是见物不见人。

2. 尊重知识、尊重人才的观念。"一定要在国家内造成一种空气，尊重知识、尊重人才。要反对不尊重知识分子的错误思想。"尊重知识和尊重人才是统一的。这是因为，知识是人才的基础，人才又是知识的人格化。但图书馆管理中的人才观念是指广义的人才，而不仅仅是指少数典型或代表人物。

3. 以人的不断解放和全面发展为最高追求目标的观念。

4. "人和第一"的观念。在图书馆管理中树立"人和第一"的观念，既包括管理者之间即领导班子的团结合作、管理者与被管理者之间的团结合作、上下同心同德，也包括团体或组织内良好的人际关系、团体或组织外良好的社会关系。

二、在图书馆管理中贯彻人本原理的主要途径

1. 把图书馆管理建立在对人的本性的科学认识之基础上

从人本原理来看，图书馆管理主要是人（馆长、书记、副馆长、部门主任、小组长等）对人（普通馆员和读者）的管理。因此，建立任何管理制度，制定任何管理措施，都必须对人的本性有一个准确而科学的认识。通俗地讲，就是首先明确所管理的是哪些人，然后再研究管理制度和管理方法，即如何管理的问题。这样就能使所制定的管理制度和措施有较强的针对性，使之建立在科学而实际的基础上，从而从根本上起作用。

2. 在图书馆管理中正确运用激励机制

人的需要是人普遍存在的自然本性，任何管理都应运用激励机制，通过满足人的

各种合理需要来调动人的积极性。需要决定动机，动机产生行为，这是人的行为产生发展的规律。在图书馆管理活动中，通过认识和引导人的需要去实现对人的管理具体包括三个方面的内容。

（1）通过认识人的需要去实现对人的管理。在任何图书馆系统中，每个人都有着多种多样的愿望、利益和追求。这些个人的愿望和利益，有些是同图书馆利益相一致的，或是兼容的，也有些是不符合甚至背离了图书馆的需要的。图书馆管理实际上就是通过认识人的需要，并在这种认识的基础上，鼓励、支持和强化个人的那些符合图书馆的需要、为图书馆所要求的愿望和追求，限制个人那些不符合图书馆需要、为图书馆条件所不许可的愿望和追求，甚至对满足后一种需要的行为实施必要的惩罚。

（2）通过促进人的需要的满足去实现对人的管理。人的全部行为归根结底都是为了满足自身需要的活动。管理就是要预测作为管理对象的人在一定环境下会怎样行动，要了解是什么东西在引导着他们工作，什么东西在激励着他们前进，说到底，也就是要知道他们需要什么。所以，考虑作为对象的人的各种需要，解决个人需要与集体需要之间的矛盾，是管理者的重要职责。图书馆管理者要把读者的需要、馆员的需要和图书馆的需要紧密结合起来，保证图书馆成员的个人需要不仅在一时一地得到满足，而且能够长期稳定地得到满足，以极大地调动他们完成图书馆任务的积极性，并进一步促进他们为满足需要、实现利益而努力。

（3）通过唤起和促进人的需要的生成去实现更为积极主动的图书馆管理。在某种意义上，能否唤起被管理者的需要，是管理活动有效、成功与否的测量器。任何管理者都希望通过对被管理者施加信息影响，唤起他们对图书馆、集体必需的有关活动的兴趣。有效的图书馆管理是使被管理者自觉地把图书馆的利益变成他个人的利益，把图书馆的信念变成他个人的信念，把图书馆的事业变成他个人的事业。这时，被管理者对执行图书馆活动不是出于强迫，而是出于他个人的内在推动、内在需要。

3. 创造能充分发挥人的聪明才智和拔尖人才脱颖而出的机制和环境

一般来说，一个体力、脑力比较健全的人，只要使其能力得到一定程度（不一定是全部）的发挥，就可以创造多于自己正常消费的财富。按照这一推理，任何图书馆都不存在人的能力和积极性缺乏的问题，而只可能存在缺乏使人的能力和积极性得到充分发挥的机制和环境。当今图书馆中所存在的种种影响人的才能和积极性充分发挥的因素，如领导作风、运转机制、管理制度、精神风貌等，大多是人为原因造成的。因此，要想提高图书馆管理水平，增强图书馆系统的活力，就必须大胆地清除影响人的才能和积极性充分发挥的各种障碍。图书馆可通过实行民主管理，建立平等竞争机制，制定公开、公平和公正的分配制度与干部培养、选拔、任用和考核制度，以及贯彻目标、责任、权力、绩效和利益五位一体原则等措施，来营造一种人才成长的优良环境。

第三节　图书馆管理的能级原理

在图书馆管理活动中，人是决定性因素，所以要以人为本。但仅仅认识到这一点还远远不够。因为图书馆成员的知识水平、年龄、职称、学历学位、社会阅历各异，也就是说不同的人具有不同的能量，所谓"因人制宜""量才录用"即是出于这种考虑，这就涉及能级原理。

一、能级原理的基本含义

能是做功的本领。这种物理现象在管理活动中同样存在。人、机构和法规都有能量。能量既有大小，又可以分级，还可以建立一定的管理程序、规范和标准体系。管理的能级是现代化大生产发展的必然产物，正是它构成了现代管理的"场"和"势"，使管理得以有序进行。图书馆管理的任务之一，就是要建立一个与其要素的能量相对应的具有不同层次及能量的合理的结构体系；使图书馆的各要素及其行为动态纳入相应的能级中去，形成图书馆系统得以良性运行的"场"和"势"，进而达到优化图书馆系统整体功能的目的。这就是图书馆管理能级原理的含义。

二、图书馆能级的结构优化

优化图书馆的能级结构是图书馆能级动态优化的基础和保证。若对图书馆的能级结构形态做几何学考察，则一个稳定的图书馆能级结构应呈正三角形态。其特点是：上面（战略规划层）最小，中间（战术计划层）稍大，下面（技术操作层）最大。

管理组织的正三角形态属于全稳态能级结构系统，是现代图书馆管理较理想的能级结构形态。其典型特点如下。

（1）决策层令行统一，政出一门；执行层有章可循，有据可依，从而保证管理的路线、方针和政策能长期稳定地持续下去。

（2）能满足管理智力和权力在质上递增、在量上递减的原则。

（3）符合现代管理的投入—产出法则，可做到以最小投入实现最大产出。

（4）便于发现各管理能级故障，职责明确，后果了然，有利于克服官僚主义瞎指挥、遇事推诿和"踢皮球"等弊端。

三、图书馆能级的动态优化

1. 不同能级的管理岗位必须具有不同的目标和任务

著名的"安东尼"结构曾将管理系统分为三个层次，即战略规划层、战术计划层与技术操作层。其中，战略规划层主要是考虑诸如管理系统的某一项目要不要上及什么时候上等问题；战术计划层主要解决怎么上的问题；技术操作层的主要任务是更好地组织并保证实施操作。

可见，各级管理岗位的目标和任务是不同的，因此，对不同级别的管理人员的要求也不同。管理者的能力必须同他们各自的管理级别相对应，不可混淆。

2. 不同专业岗位的能级必须动态对应

每个人都有不同的能力和特长。管理者的责任就在于正确地认识和区别不同能力与特长的人，并尽可能使具有相应才能的人处于相应的能级岗位上，真正做到人尽其才，能释其量。但是，单靠主观愿望和死板计划不可能做到这一点，因此，必须保证人们在各个能级中适当地流动，通过各个能级的管理实践去发现、锻炼和检验其才能，实现扬长避短、各得其所。而且，专业岗位能级变化和人的才能变化之间的交叉效应，要求图书馆管理必须实行动态的能级对应。只有这样，才能发挥图书馆管理的最佳效能和效率，进而获得最佳管理效益。

第四节　图书馆管理的动力原理

在图书馆管理系统中，确立了以人为本的观念，对人也划分了能级，这是否就意味着图书馆管理活动一定会一帆风顺呢？未必。因为人缺少了动力就不可能充分发挥其潜能，更不可能积极主动地去为实现图书馆的目标而奋斗。因此，动力原理也就应运而生。

一、动力原理的基本含义

动力的管理学含义是指推动管理活动向特定方向运动的力量。其意义和作用不仅在于使管理运动，而且在于使其非如此运动不可。

管理动力具有如下特征：它不仅有大小、方向，而且有直接作用的目标；它不仅是一种力量，而且还是一种强有力的制约因素，促使管理组织按特定方式、以特定速度和规模向特定方向运动；它是形成管理组织有序运动的主要原因，是维持管理组织存在、发展和完善的必要前提。现代管理强调，管理活动必须有强大的动力，尤其要求管理者要最优地组合、正确地运用管理动力，从而使管理能持续有效地进行下去，并趋向管理组织整体功能优化。这就是管理动力原理的基本含义。

二、管理动力的基本形态

我们认为，激发图书馆系统的高效能，推动图书馆管理行为高速做功并趋向图书馆整体目标，最基本的动力是物质动力、精神动力和信息动力。

1. 物质动力

图书馆管理的物质动力，是指通过一定的物质手段，推动图书馆管理活动向特定方向最有效地满足读者的知识信息需求运动的力量。对物质利益追求而勃发出来的力量是支配人们一切活动的最初和最后的原因，因而，对图书馆人的物质激励是开发人员要素功能促其加速做功的最原始、最基本和最重要的手段。实践证明，忽视对图书馆系统个体要素的物质激励，否认个体要素合理而正当的利益追求，搞绝对平均主义、吃"大锅饭",是导致许多图书馆管理活动失败的主要原因之一。

2. 精神动力

它既包括世界观、人生观和价值观,也包括精神鼓励(如奖状、信任、关心、先进称号等),还包括日常的思想工作。精神动力作为一种推动图书馆管理活动趋向优化目标的重要力量,已为越来越多的人所认识。这是因为,作为推动图书馆管理活动的精神力量,一方面它依赖于物质力量,并以物质动力作为其存在和发挥作用的前提;另一方面,若精神动力的质量好、目标取向正确而又发挥得当的话,则会对物质动力产生巨大的反作用。它不仅能大大地影响并制约物质动力的方向,决定物质动力发挥的速度、范围、持久性等,而且一旦它转化成每个人员要素的内心信念,就会对个体要素的行为产生深远而持久的影响。所有这些都是精神动力的独特作用之所在。值得一提的是,日常思想工作也是精神动力的一项重要内容。

3. 信息动力

图书馆管理的本质,从某种意义上讲,就是一个信息输入、存储、加工和输出的活动过程。信息作为动力,同其他动力一样,从特定的角度、以特定的方式推动着图书馆管理活动趋向特定的目标。信息量在迅速增加,而科学知识的老化周期则日益缩短。这种信息—知识的反向运动及其趋势对图书馆管理提出了特殊的要求。一个图书馆系统,为了维持自身的存在和发展,不仅要积极主动地输入、处理和输出各种信息,而且应不断加大有效信息的输入和输出功率,这样才能立足于先进管理之列。图书馆的生存前提,既取决于它的信息加工能力和信息更新周期,也取决于它在向外部环境提供信息质量和数量的基础上所获得的用户市场。当然,在图书馆管理活动中,我们既要正确区分有用信息、无益信息和有害信息,又要注意保持信息量的度。

三、管理动力的正确运用

1. 管理动力的协调机制

由于图书馆管理的物质动力、精神动力和信息动力各自具有相对独立性,因此如何有机地组合、协调地运用这三类动力,就成为图书馆管理学需要研究的重大问题。一般来说,管理行为在趋向系统整体目标的过程中,物质动力是其基础和前提,精神动力是其核心和灵魂，信息动力则是其必不可少的调节杠杆。三类动力各有自己的功用和意义，不可偏废。在不同的图书馆系统中，三类动力的地位和作用存在着各种各样的差异。即使在同一图书馆系统内，三类动力的地位和作用也不仅会随着时间、地点和条件的变化而变化，而且在不同结构、层次之间存在着区别。图书馆管理的任务之一，就是要及时洞察其变化，把握其差异，采取既合乎实际又行之有效的措施，促使这三类动力相辅相成，发挥综合效力。

2. 正确处理个体动力与集体动力、眼前动力与长远动力之间的关系

从管理动力的角度看，任何一个图书馆系统的整体动力都是由图书馆内各个体动力作用的结果。这些个体动力都各自有其物质动力、精神动力和信息动力。它们同图书馆系统整体动力并不总是完全一致的。如果我们用向量来表示图书馆系统的个体动力同整体动力的关系及其效应，一般会表现为以下三种典型情况。

图书馆系统内部各个要素动力都得到了充分而自由的发展，但由于它们方向各异，相互抵消，最后表现出来的整体效应就十分有限，有时甚至会出现向量为零或为负的情况。这种动力结构被称为放任型管理动力模式。

将每个个体要素的动力强扭到统一的"集体"方向上，从表面上看，只要将个体要素叠加，就能获得最大的整体动力，实则不然。因为图书馆系统的整体动力同单个要素的动力之间不遵循代数运算定律。将单个要素动力强行纳入图书馆系统整体动力之中，并要求方向相同和行动划一，实际上是对个体要素动力的约束或否定。其结果是个体动力不能得到合理而充分的发展，从而造成个体要素能量的减少或消失。这种动力结构被称为独断型管理动力模式。

图书馆管理在动力组合问题上，既反对个体要素动力的盲目发挥，又反对整体独断动力模式，而是追求图书馆系统要素动力的合理组合。图书馆管理实践证明，一种比较理想的管理动力模式一般遵循"四边形法则"，即使个体要素的动力在整体目标方向基本一致的前提下，充分自由地发展。这样综合作用的效果，其整体向量当然不是最理想的，却是最稳定可靠的、最现实合理的管理动力综合。这是图书馆管理要求建构的动力结构，即满意型管理动力模式。图书馆管理中还存在正确认识和处理眼前动力同长远动力的关系问题。通常情况下，图书馆系统内部个体要素的动力主要表现

为眼前动力,这是由个体要素的性质、任务、目标以及自身利益所决定的;而图书馆系统的整体动力则主要表现为长远动力。然而,这种区分是相对的。事实上,个体动力中也有长远动力,整体动力中也有眼前动力。它们之间是"标"与"本"的关系,并具有交叉效应。图书馆管理应按照"急则治标,缓则治本"的原则,正确地认识和处理眼前动力和长远动力的辩证关系。

3.管理动力刺激量的科学运用

根据控制论,我们可以通过一定的外部刺激来获得图书馆系统的动力。即当图书馆系统及其要素的行为得到改善时,就予以鼓励、促进,这就是正刺激;反之,就予以惩罚、限制,这就是负刺激。从一定意义上讲,图书馆系统动力结构的优劣主要取决于正负刺激量是否正确运用和比例是否恰当。刺激量不当,就不能有效地贯彻管理动力原则,就不能发挥出图书馆系统及其要素的最佳动力。因此,图书馆管理者必须注意:管理刺激应以实现目标为准;注意刺激的时效性;少用甚至不用定期刺激;少用甚至不用固定刺激;刺激应随人员要素不同而采取不同手段;奖惩分明,奖惩结合,以奖为主。

第五节 图书馆管理的效益原理

效益是管理的永恒主题。任何组织的管理都是为了获得某种效益。效益的高低直接影响着组织的生存和发展。图书馆管理自然也不例外。

一、图书馆管理的效能、效率和效益

图书馆管理的效能是指图书馆管理系统所具备的实现目标的有效做功本领或有效行为能力,它直接取决于图书馆管理系统的目标是否明确、结构是否合理以及图书馆人的积极性发挥得是否充分。

图书馆管理效率包括两层意思:一是指图书馆管理行为趋向系统目标的速度,即单位时间内图书馆管理系统所完成的工作量;二是指图书馆管理系统完成单位工作量所需消耗的劳动量(包括知识和物化劳动等)。图书馆管理效益是指图书馆管理系统

为一定的目标、以一定的效率发挥其效能的结果或效果。

一方面，从动态过程看，图书馆管理效益是管理目标行为有效做功的结果，它表现为管理效能、管理效率和系统目标的函数。可用下式表示：

管理效益 =f（系统目标，管理效能，管理效率）

（1）图书馆管理系统的整体目标是管理效能和效率趋向管理效益的一个重要干涉变量。即使在管理效能大、效率高的情况下，如果管理的目标不明确或无目标，管理效益就低下或无管理效益可言；如果管理系统目标错了，则管理结果就是负效益，且效能越大、效率越高，系统整体的负效益也就越大。

（2）由于目标变量可主要视其优化程度而在 0~1 取值，因此，当图书馆管理系统的目标确定后，目标就转化为一个常量。

（3）一个系统的效能主要取决于它的结构。一个图书馆管理系统在特定的时空内其结构是相对稳定的，因此，其效能也可视为一个常量。这时，上式可化为：效益 =f（效率）。即效益直接取决于效率，并是它的函数。

另一方面，从静态结果看，图书馆管理效益又主要由经济效益和社会效益构成。我们把图书馆管理系统所表现出来的内在价值称为经济效益，把图书馆管理系统对读者的价值称为社会效益。经济效益与社会效益既有联系，又有区别。讲经济效益是讲社会效益的基础，而追求社会效益又可以成为提高经济效益的重要条件。两者的区别主要表现在：经济效益较社会效益更为直接和显而易见，经济效益可以运用若干经济指标来计算和考核，而社会效益则难以计量，必须借助于其他形式来间接考核，图书馆管理活动在处理经济效益与社会效益的关系上，应该是统筹兼顾，最大限度地追求经济效益和社会效益的同步增长。既反对单纯追求经济效益而不顾社会效益的倾向，也反对片面讲求社会效益而不讲经济效益的做法。当经济效益与社会效益发生矛盾时，应当从全局出发协调两者的关系，但基本的原则是要让经济效益服从和服务于社会效益。

二、图书馆管理效益的根据

1. 生产方式

从根本上来看，图书馆管理效益是由生产方式决定的。一个社会的生产方式是这个社会劳动者与劳动资料的结合方式，它既是人与自然之间发生物质变换的方式，也是人与人之间的物质交往方式。在这两个方面都伴随着管理活动。在某种意义上，图书馆管理活动是生产方式的外在表现，有什么样的生产方式就必然会有什么样的管理活动。所以，生产方式既决定着图书馆管理的性质，也决定着图书馆管理的方式。图书馆管理具有什么样的性质和以什么样的方式存在，又直接决定着图书馆管理的效益。因而，生产方式从根本上决定图书馆管理的效益。

2. 管理者

管理者是管理主体，在图书馆管理活动中居于支配地位，起核心作用。管理者的思想观念、行为方式对图书馆管理效益的影响是十分明显的。这是因为，管理者的思想观念在管理活动中往往表现为管理的指导思想，这种指导思想又会支配管理行动，使其表现出特定的管理行为方式。管理者的思想观念、行为方式对图书馆管理效益的影响，是通过对图书馆管理活动的计划、组织、领导、控制和评价等职能和环节来实现的。

3. 管理对象

图书馆管理对象是由人、财、物、信息资源等要素组成的一个有机体系，其中，人是最重要的。尽管财、物、信息资源等要素的组合对提高图书馆管理效益具有不可忽视的作用，但这种作用只有通过人的活动才能实现。人的素质水平、工作责任心、主观能动性发挥程度，往往决定着其他管理对象作用发挥的程度。

4. 管理环境

图书馆管理效益是通过有效的管理活动实现的，而管理活动又是在外部客观环境的影响下进行的，因此，管理环境也是影响管理效益的一个重要因素。影响图书馆管理效益的环境因素包括政治环境、经济环境、科学技术环境和社会心理环境。政治环境是指一个国家的政治形势、法律制度、路线方针政策以及国际局势；经济环境是指图书馆系统之外的经济发展状况，如市场、投资、银行信贷、税收、物价等，这些因素通过价值规律等方面的作用影响图书馆管理的效益；科技环境是指图书馆系统外部科学技术（尤其是信息技术）的发展状况，它通过影响劳动生产率来影响图书馆管理的效益；社会心理环境是指图书馆系统外部的各种社会心理现象，主要包括社会态度、社会期望、社会舆论、消费心理、从众心理等，它们通过图书馆的精神文化、人际关系以及图书馆成员的心理行为影响图书馆管理效益。

弄清影响图书馆管理效益的因素对于提升图书馆管理效益具有重要意义。首先，可以使管理者提高认识，在图书馆管理活动中注重运用科学的管理方法和民主的管理手段，自觉地提高管理水平。其次，可以使管理者认识到人的因素对于管理效益的意义，注重调动人的积极性，提高人的素质，协调人们之间的关系，使人与物的结合方式达到最佳的状态。最后，可以使管理者树立开放的管理观念，不是把眼光局限于自己的管理范围之内，而是在更广阔的视野中看待自己的管理范围，认识环境因素对图书馆管理活动的影响，自觉地利用一切有利的影响，避免不利的影响，从而大大提高图书馆管理效益。

第六节　现代图书馆战略管理

一、战略和战略管理的一般原理

1. 战略和战略管理的概念

关于战略，多位专家学者从不同的角度做出过多种解释。彼得·德鲁克认为，"战略是指管理者找出企业所拥有的资源并在此基础上决定企业应当做什么"；安索夫认为战略是一条贯穿于企业活动与产品/市场之间的"连线"；奎因（JB.Quinn）认为，"战略是一种模式或计划，它将一个组织的主要目的、政策与活动按照一定的顺序结合成一个紧密的整体"；波特认为，战略是企业活动的一个中间点，实质是为企业活动与环境建立起联系；英国著名学者杰森和舒勒则认为，"战略是通过有效地组合组织内部资源，在动态的环境中确定组织的发展方向和经营范围，从而获取竞争优势，满足市场需求，实现股东利益最大化的目标"。但不管何种解释，战略一般包括五个基本内容。

（1）战略是对前景的展望，即战略必须明确组织的使命。

（2）战略是一种定位，即明确产品市场关系，确定组织生产什么产品，通过什么方式提供给什么样的人。

（3）战略是一项挫敌策略，即组织要明确在哪个方向上建立自己的竞争优势。

（4）战略是一种行动模式，即构建竞争优势的方式，组织通过怎样的活动培育核心竞争能力。

（5）战略是一项计划，它必须能够付诸行动。

战略管理不同于战略的制定，严格来说，战略管理是组织从整体利益和根本宗旨出发，为了获得长期、稳定的发展，在充分研究组织外部环境和内部条件的基础上，确定和选择组织的战略目标，并针对目标的落实进行规划，进而培养组织的相关能力，将这种规划和决策付诸实施，以及在实施过程中进行控制的一个动态过程。在竞争越来越激烈的今天，战略管理的成功与否决定着组织竞争的胜负，从某种意义上说，战略管理处于组织管理的核心和主导地位。战略决策一旦确定，组织的一切活动都要围绕其进行。战略管理影响着组织的各个部门、各个经营领域。战略的制定需要大量的信息，花费的时间也长，确定后可变更性小，因此，如果组织战略的制定出现失误，付出的代价将是巨大的。

2.战略层次

组织的战略具有不同的层次，战略管理也要在不同的层次上进行。一般的组织战略可划分为三个层次，即公司层战略、事业层（经营）战略和职能层战略。

（1）公司层战略

公司层战略是组织总体的、最高层次的战略。公司层战略需要确定公司应该从事什么事业，以及希望从事什么事业。公司层战略决定组织的方向，以及每一个事业部将在公司战略中扮演的角色。描述公司层战略最常用的方法是大战略框架：稳定战略；增长战略，包括直接扩张、一体化战略（纵向一体化和横向一体化）、多样化战略；紧缩战略；组合战略。

（2）事业层战略

事业层战略有时也称为竞争战略，它处于战略结构中的第二层次。事业层战略要决定组织怎样在每项事业上展开竞争。在经营单位的战略选择方面，波特提出了三种可采用的一般竞争战略，分别是：成本领先战略——通过低成本获得竞争优势；差异化战略——针对特定顾客的特定需求,提供有针对性的产品或服务,从而获得竞争优势;集中化战略——选取一个或几个细分领域来开展竞争。

（3）职能层战略

职能层战略是在职能部门中由职能管理人员制定的短期目标和规划,其目的是实现公司和事业部门的战略计划。职能战略通常包括营销策略、生产策略、研究与开发策略、财务策略、人力资源策略等职能策略。如果说公司战略和事业部战略强调"做正确的事情",则职能战略强调"正确地做事"。公司层战略、事业层战略以及职能层战略构成了一个企业的战略层次,它们之间相互作用,紧密联系。

3.战略管理的过程

（1）确定组织当前的使命、目标和战略

每一个组织都需要使命,使命是对组织目的的陈述,回答企业存在的理由是什么。组织的使命会迫使管理者仔细地确定企业的产品和服务范围。当然,管理者还必须搞清楚组织的目标和当前所实施的战略,并对其进行全面而客观的评估。

（2）外部环境分析

外部环境分析包括一般环境分析和产业竞争环境分析两个部分。一般环境是指政治、法律、经济、社会文化、技术等方面,产业竞争环境是指产业结构,除了包括本产业内部的竞争关系,还包括进入威胁、替代品以及买方和卖方的议价能力等。通过外部环境的分析,组织可以适时地寻找和发现有利于企业发展的机会,以及对企业来说所存在的威胁,做到"知彼",以便在制定和选择战略中能够利用外部条件所提供的机会而避开对企业的威胁因素。

4.内部环境分析

内部环境分析分为三个层次。第一个层次是分析产品市场关系,即确定组织的经营领域,解决产品结构的问题,主要考虑的因素是行业吸引力和组织的相对竞争地位;第二个层次是分析组织的价值链,也就是确定组织的活动结构,价值链分析是从创造价值的角度把组织活动联结为一个整体,分析组织的每一项活动对用户创造价值的大小和每一项活动的成本,从而分析组织的竞争优势;第三个层次是分析组织的资源与能力,资源是指创造价值的投入,包括财务资源、物化资源、技术资源、创新资源、商业资源、人力资源和组织资源等，组织的战略资源应在组织价值链活动中创造较大的价值，在市场上具有稀缺性，难以被竞争对手模仿且不可替代，而且本组织比竞争对手能以更低的价格获得；组织的能力分析主要是指对组织核心竞争力的分析，即组织的核心竞争力由何而来。组织内部环境分析是为了发现组织所具备的优势和劣势，以便在制定和实施战略时能扬长避短、发挥优势，有效地利用组织自身的各种资源。把三个过程结合在一起，就构成了对组织内部资源和能力以及对组织外部环境的评估，通常称为SWOT分析。它把对组织的优势、劣势、机会和威胁的各项分析结合起来，识别出组织的机会，以作为战略制订的基础。根据SWOT分析，管理者还应重新评估组织当前的使命和目标，看看是否可行，是否需要修订，以及是不是在正确的方向上。

5. 制订战略

在公司层、事业层和职能层上分别建立战略，结合外部与内部环境分析，寻求组织恰当的地位，开发和评估可供选择的战略，然后选择能够充分发挥组织优势和利用环境机会的战略，以便获得领先于竞争对手的相对优势。战略制订过程所要解决的问题包括组织进入何种新产业，放弃何种产业，如何配置资源，是否扩大经营或进行多元化经营等。

6. 战略实施

一个成功的战略取决于成功的实施，如果不能恰当有效地实施等于纸上谈兵。战略实施要求组织根据已经制定的战略，树立长期目标，制定相关政策，建立有效的组织结构，调整组织经营方向，培育支持战略实施的组织文化，激励和培训员工，合理配置资源，并通过多种手段使形成的战略得以贯彻执行。

7. 战略控制

由于内部外部环境处于不断变化之中，为了使实施中的战略达到预期目的，实现既定的战略目标，必须对战略进行控制。组织需要时刻关注外部环境与内部因素，评估已取得的业绩，评价现有状况与预期的差异，找出差异产生的原因，对于不利的情况及时采取纠正措施。

二、现代图书馆战略管理的概念

1. 图书馆战略管理的概念

现代图书馆战略管理是指图书馆从整体利益和根本宗旨出发,为了获得长期、稳定的发展,在充分研究现代图书馆外部环境和内部条件的基础上,选择和确定图书馆的战略目标,并针对目标的落实和实现进行规划,进而培养现代图书馆的相关能力,并将这种规划和决策付诸实施,以及在实施过程中进行控制的一个动态过程。

2. 现代图书馆实施战略管理的意义

现代图书馆实施战略管理具有以下意义。

(1)战略管理能够引导图书馆应对变化,把握未来。战略管理强调审时度势、统揽全局、长远谋划,关注图书馆的外部和内部环境,搜集有关图书馆环境及其变化趋势的数据,然后对这些数据进行分析,根据分析结果确定未来任务和目标,最后设计行动方案确保目标实现,积极主动地迎接未来的挑战。实施战略管理有助于图书馆管理者(尤其是高层管理者)完整地认识其所处环境、自身条件、未来情景,对未来做出明智的选择,为图书馆持续、稳定的发展提供可靠保障。

(2)战略管理有助于发挥组织的协同作用。真正实施战略管理的图书馆以战略为导向,以战略引导各个部门的活动。战略导向提供一种机制以避免牺牲图书馆整体利益来过分强调图书馆部门利益;指引管理者做出与图书馆目标和战略一致的决策;提供测评整个图书馆、部门和个人绩效的基础;制定统一的行为准则和评判标准,从而降低冲突、减少内耗,发挥组织的协同作用,使图书馆有限的人力资源、信息资源发挥最大效用。

(3)战略管理有利于图书馆规范组织行为,增强组织活力。战略管理确定的图书馆使命、任务、目标等可以为全体员工提供明确一致的努力方向,为资源配置、部门协调、绩效评价、公共关系等提供蓝本;它确定的行动方案一旦启动,可以给图书馆带来变化,注入活力,如改善馆藏结构和服务、克服组织惰性、改善部门沟通和利益协调、提高组织凝聚力、培育自我评估意识等。

(4)战略管理可以对图书馆馆员产生激励作用。战略管理直接影响图书馆的命运与前途，与图书馆内部每一个单位、每一个员工的利益息息相关，而且图书馆战略管理的每一个阶段都需要全体员工的广泛参与，为制订战略献计献策，为执行战略贡献力量；也可以为图书馆馆员提供熟悉图书馆环境与工作过程的机会，并由此允许图书馆馆员开展创造性、合作性的工作来实现共同目标。同时，战略管理中的战略目标往往是令人振奋的，所有这些都能给予员工极大的鼓舞和激励，调动他们的工作积极性，从而促进图书馆更快地发展。

（5）战略管理可以对图书馆起到宣传作用。战略管理中确定的图书馆使命、任务、目标、行动方案可以成为图书馆向地方政府争取经费、向潜在的捐赠者争取捐赠、向公众宣传图书馆作用的依据。它形成的规划书可以作为图书馆向利益相关者陈述自身责任和存在理由的基本文献。

3. 现代图书馆战略管理的特点

（1）战略管理是有关图书馆发展方向的管理

战略管理特别关注图书馆的总体发展方向，它回答的是有关图书馆的高层次管理问题，如图书馆新的服务领域是什么、在该领域内可望取得什么样的差别优势、必须采取哪些战略推进措施等。

（2）战略管理是以社会信息需求发展为导向的管理

战略管理强调对图书馆外部环境变化及其变化趋势的把握，图书馆必须充分考虑到社会信息需求的发展变化可能给图书馆带来的机遇与威胁，使自身所制订的战略尽可能与这种变化趋势取得协调和一致，以便能够充分利用机会、避开威胁。

（3）战略管理是面向未来的管理

战略管理的效果通常只有在几年后才能显现出来，换句话说，战略管理关注的是图书馆发展的长远利益。只有基于那些目前尚不确定而经过一段时期的努力才能够获得的要素之上的决策和行为才算是面向未来的战略管理；否则只是一般的日常业务管理。

（4）战略管理是动态的管理

尽管在制订图书馆战略管理的过程中已经对外部环境和自身条件进行了分析，但由于外部环境和自身条件是处于动态变化过程中的，战略管理也必须随之进行相应调整。当某一阶段或某个战略目标实现之后，图书馆还要实行战略转移。当然，战略管理的动态性与战略本身的稳定性之间并无矛盾,战略的调整并不是依据外部环境微小的变动而频繁变动,而是依据外部环境的某些大的变化才做出反应。

三、传统图书馆的变迁

现代图书馆正朝着电子化、信息化、网络化的方向发展,人们只要敲打键盘,便可知天下事。随着信息技术的不断发展与进步,计算机、互联网、多媒体等各种新技术得到广泛的普及和应用,人类知识、文化、文明的传播和交流方式发生了巨大的变化,对传统的图书馆业将产生重大而深远的影响。

1. 传统图书馆概念与现代数字图书馆概念的区别

传统图书馆是人们比较熟悉的概念,是指一般的手工操作,收藏纸质印刷性图书、文献的图书馆,它经历了漫长的历史发展时期。现代数字图书馆在我国发展应用也就二三十年,它是在传统图书馆基础上一个全新的信息创建、分布、传播、利用和保存管理知识信息的过程。

2. 传统图书馆与现代数字图书馆的继承和发展

传统图书馆是在历史的发展中形成的,尤其在我国,传统图书馆最直观地体现了我们民族绵延了5000多年的传统文化。由于长期积累,传统图书馆保存着人类文化精华中的精华,在社会图书馆、科研系统、文化单位图书馆内更是得到系统、完整、全面的保存。这些馆藏既是网络信息服务的最根本来源,也是图书馆进行信息深度开发的基础。传统图书馆与现代数字图书馆之间的转型,是一个连续的动态过程,传统图书馆是在时空中逐渐延续和变化的,"传统"既连着过去,又存活于现在,还反映着未来。现代数字图书馆是建立在传统图书馆基础上的新型图书馆。

3. 传统图书馆与数字图书馆优势互补

传统图书馆中丰富原始馆藏的文献自然成为现代数字图书馆资源建设的一个重要组成部分。由于印刷文献数量猛增,存储空间不可能无限扩大,而数字化的文献载体既节省空间又方便读者使用。无论是传统图书馆还是数字图书馆,为读者提供信息服务的宗旨是永恒的,对信息进行收集、加工、整理、存储,最后提供给读者的工作原理是相同的。传统图书馆利用已有的文献资源和人力资源为数字图书馆提供大量的一手信息。同时，现代数字图书馆完全改变了传统图书馆有限的馆藏空间和"简单"的服务模式，更好地满足了读者对图书信息的高质快速的需求。传统图书馆与数字图书馆并存，并依据已有馆藏图书资源优势，为数字图书馆提供补充。现代数字图书馆建成之后，仍需采购图书，收集图书文献转化成新的信息，以不断补充、丰富网上电子图书馆的信息量。传统图书馆的一些重要和珍贵的藏书数字化之后，仍需要长期保存，因为它是国家文化的遗产，计算机网络有时会出现病毒侵袭，使某些信息化为乌有，因此现代数字图书馆仍需保留原本图书。

四、传统图书馆向现代数字图书馆过渡

因特网的诞生及其在信息领域的广泛应用，给人们的生活、学习和工作方式带来了极大的改变，以信息为主体的知识经济时代已经开始形成并正迅猛发展，信息载体日趋数字化，信息传播逐步网络化。图书馆作为信息传播和信息加工的服务机构，正在由传统模式向现代模式过渡。为适应处理大量数字信息资源的需求，提高网络信息资源的有序传递、组织和加工，提高用户查询、检索和获取所需信息的效率，创建现代数字图书馆系统，建立数字图书馆资源库，开展数字化信息服务，已成为当今图书馆发展方向和目标。

1. 传统图书馆向数字图书馆的转移

图书馆正处于数字化建设过程中，对传统图书馆的体制、组织结构、业务流程、人力资源等的改造成为重点。虽然，传统图书馆与数字图书馆的构成要素仍然是藏书、读者、管理人员和技术力量，但是，其内涵发生了巨大的变化。

（1）工作重心正在转移。传统图书馆以采购、编目、典藏、流通、阅览为主要组织结构，为读者提供文献或文献线索，以文献为中心展开图书馆业务及服务工作。随着图书馆的发展，人们开始认识到，单一图书馆的藏书仅是社会信息资源中的一个部分，而社会信息资源具有共享性和网络性，加之现代信息技术手段在图书馆工作中的应用，文献资源建设的内涵更加丰富。在信息社会，网络技术的发展与普及使传统图书馆的工作方式及读者使用图书馆的方式、要求都有了巨大的变化。不仅图书馆业务工作实现了高科技手段的应用，而且服务工作也不再局限于为读者提供文献，而是根据读者

需求，提供大量的、各种载体的、经过筛选与整合的信息资源。

（2）服务手段发生了巨大变化。现代信息技术的应用使图书馆的服务方式由单一转向多元，由被动转为主动，检索查询由静态转为动态，由部分转向整体，服务内容由一般的传播知识转向获取与开发信息资源为用户提供快捷高质的参考咨询。通过现代化技术，不受时间地点限制、运用网络传输的数字化信息资源，使图书馆不仅能够成为一个庞大的信息资源库，而且可以成为一个良好的信息资源的集散地、中枢神经。

（3）服务人员向高素质化发展。现代技术在传统图书馆业务工作中的应用不仅导致了管理人员观念变化，而且对工作人员的素质要求更高、更严格。要适应图书馆发展的要求，成为一个合格的工作人员，必须具备以下素质：外语应用能力、文字表达能力、新技术的应用能力、图书馆专业知识能力和服务专业图书馆的需求。

读者作为图书馆的服务对象，是图书馆生存的土壤和条件。读者的存在和需求，是图书馆发展的直接动力，它体现了图书馆存在的社会价值。随着时代的发展，人类社会进入了以信息技术、生物技术和新材料技术为重要标志的信息时代。现代信息技术的发展，已将一个崭新的网络环境带到我们的面前。随着信息和网络技术的飞速发展，图书馆面临着从传统图书馆向数字图书馆过渡，读者利用馆藏文献的内容及方式方法也悄然地发生着变化。我们对于读者的阅读需求及其变化应予以特别重视，开展对用户需要的研究，是图书馆自身生存与发展面临的重要抉择，对于今后图书馆的业务开展及管理工作，对于提高图书馆的服务质量及藏书利用率，都有着极其重要的意义。

1）读者获取知识的渠道发生变化。读者知识的获取及自身素质的提高，离不开阅读，离不开书籍，因此95%的公民获取知识是通过读书。而图书馆是收藏图书的宝库，是知识的乐园。图书馆珍藏的文化瑰宝，对每一个人都发挥着潜移默化的作用。图书以润物细无声的方式，把人类最崇高的理想、最美好的感情、最新的知识传授给人们。图书馆就是一座耸立在人们心中的文化丰碑，吸引着每一位读者来获取知识，使读者在博览群书中增长知识，启迪智慧。为了学习与研究，读者经常到图书馆查阅文献，当本馆的图书文献不能满足需要时，就到其他图书馆寻求帮助。但是随着网络技术的飞速发展，读者的知识获取来源从封闭走向社会化、网络化。网络开拓了人们的视野，读者的知识需求内容和渠道也发生了根本性的改变。

2）读者检索文献途径的变化。在传统图书馆，读者到馆以后，图书资料最常用的检索途径是图书馆的读者目录卡，另外还有各种索引、文摘、百科全书等检索工具。随着信息化的发展，人们的信息意识日益加强，读者的检索途径也在发生着变化。读者充分地利用现代化的方式和技术设备以最快捷、最方便、最适用的方式去检索馆藏及各种实用信息。读者可利用计算机根据主题词、搜索书号等各种途径来了解馆藏情况，同时可以根据因特网来了解各种实用信息。这就使读者对信息的需求呈现出多样化、快捷化、系统化的变化特点。

3）读者阅读文献需求的变化。经过对读者阅读了解可知，传统图书馆读者阅读多倾向于文化性，最常阅读的文献信息载体依次是：图书、报纸、期刊。他们的阅读大多是以消遣性及科研性为目的。随着时代的发展、网络的普及，人们更多关注的是自身素质的提高、能力的培养、法律知识在日常生活中的应用等。读者的阅读倾向也随之发生了变化，他们会刻意地去浏览借阅一些国内外科技信息、政策法律法规等信息，于是电子书刊、联机检索数据库、光盘数据库陆续走进读者的生活中。人们从电子化书刊中获得了更丰富的知识，查找文献信息更方便、更快捷了。

随着网络技术的发展，网上信息资源十分丰富，又不受地域和时空的限制，最能满足读者求新、求快、求精的需求，网上图书、电子期刊和期刊全文数据库等在因特网上都可以方便、快速地获取。在信息时代，读者对信息需求的观念发生了质的变化，他们希望随时随地都能快速地获取有价值的信息资源。

文献信息系统化。随着人类对知识的追求与发现，读者对信息的需求不仅要知概况，还要了解其细节，这就需要对任何知识都全面了解，系统掌握，而信息时代网络的开通，使读者全面、系统地查找信息的要求成为可能。

用户服务方式多元化。图书馆可以将现代通信技术运用到传统服务工作方式中，从而形成传统服务方式和网络服务并存的景象。大多数图书馆都开通了网上预约、催还、续借和征订新书等方便快捷的服务。为了第一时间了解读者的需求，开设了网上电子公告、留言板，同时为读者提供网上信息资源检索服务，方便读者了解本馆的网络资源，提高读者的检索能力。为了弥补馆藏资源的不足，开展了网络环境下馆际互借服务等。

合理调整馆藏结构。网络环境下数字化信息资源为图书馆开展各项服务工作带来了便利。图书馆必须在原有收集文献的基础上，调整馆藏资源结构，充实完善图书馆的信息资源保障体系，及时收集和采购读者利用率高的各类数字文献，提高信息利用的时效性。同时对网上资源进行挖掘与整合，建立图书馆的虚拟资源库。这样，图书馆的藏书结构就发生了巨大的变化。多种载体文献并存，丰富了馆藏资源，开辟了文献传输的途径。

提高读者的信息素质。信息素质是信息时代人才必备的一项基本素质，是人们终身学习的前提，是人类未来生存和发展的基础。如果读者获取知识信息的能力匮乏，那么图书馆优质服务就只能是纸上谈兵。图书馆重视对读者信息素质的培养，通过讲座、培训等多种手段，培养读者的文化素养、信息意识以及获取信息的技能，提高读者适应社会发展的能力，使人的素质全面提高与社会不断进步相适应。因此，图书馆的服务必须以读者需求为重点，定期对读者的需求加以分析，从读者角度出发，以适应未来图书馆的发展。图书馆应充分发挥自身的教育职能，系统地收集一些普及性、知识性强的文献信息，为读者搭建一个学习平台。

2. 深化图书馆馆藏数字化资源

在图书馆工作中，一些图书馆投入一笔经费，把全部或部分馆藏文献进行数字化处理，制作成集成数据库存储在硬盘、软盘或光介质之中，供单机或网上查询、检索。有人认为，这就是数字图书馆，殊不知数字图书馆并不只是简单的馆藏数字化，而是在传统文献数字化的基础上，建立起交互式数字信息系统和现代化查询检索手段，最终目的是建立起大规模的可以跨库检索的数据库及其信息咨询服务体系。将传统的图书馆服务搬到网上去并不是数字图书馆，将馆藏资源进行大规模数字化后也不一定是数字图书馆，馆藏的数字化只是主要基础工作和必备条件，因此，数字图书馆绝不等于传统图书馆馆藏的数字化。不能把传统图书馆馆藏资源存储数字化的实现等同于数字图书馆的建成。

随着网络技术和多媒体检索技术的普及应用，相当一部分图书馆的书目检索、书刊借阅、视听服务和图书采编等逐渐实现自动化、网络化，"采购分编馆藏流通"均实现了系统化自动集成管理，并建立了读者用户查询终端，开设了光盘检索、多媒体检索、网络检索服务等。为赶上行业发展的潮流，便把它们统称为"数字图书馆"。似乎拥有一套先进的计算机设备和应用系统就成为数字图书馆，造成逻辑上的明显混乱和管理滞后。因为现代化数字图书馆比传统图书馆的内涵与处延都要广泛得多，它涉及馆藏发展、技术手段、读者服务、工作流程、组织机构、图书馆社会责任及使命与宗旨的重大变革，数字图书馆不可能是传统图书馆的业务部分或组成部分。如果说计算机技术使图书馆开始从传统走向现代化，那么数字图书馆必将从根本上改变图书馆发展的方式、手段及意识，一种全新形态的图书馆将逐步展现在人们的面前。

一些图书管理者对图书馆现代化的过程感到茫然，具有痛苦、困惑和不适应的感觉。第一，传统职能逐渐被削弱，图书馆管理者开始找不到自我。随着数字图书馆进程的不断深入和发展，图书馆一些传统的职能逐渐被减弱，甚至消失。图书馆管理的作用更多地开始从"幕前"转移到"幕后"，与读者的交流更多地通过网络来实现。一些人感到有点被冷落，开始怀疑自我价值，找不到自己的位置。第二，原有的知识结构在数字图书馆面前显得有些力不从心。数字图书馆不仅仅是对现代化技术及其熟练程度的要求，更多的是对知识环境的追求，是对人的素质、知识结构的要求。如果图书馆管理者不积极接受新知识、新观念、新思想，不更新自己陈旧、落后的知识结构以迎接现代数字图书馆的挑战，就只能心有余而力不足。第三，工作方式发生变革使图书馆人难以适应。计算机技术提高了图书馆的服务水平和工作效率，而数字图书馆则将彻底改变图书馆的工作方式。应该说这种工作方式的转变是图书馆的巨大进步，但适应这种工作方式对有些图书馆人来说并不是一件容易的事，不仅仅是过程的问题，而且是一种心态和能力的问题。

技术手段的转变主要体现在以下两个方面：

（1）采购、编目模式的转变。获取出版信息、征求用户文献需求及意见反馈，向书商订购、付款等一系列传统的采购工作，都可以足不出户地在网络上进行。而过去那种各图书馆独立作战、重复劳动的编目方式逐渐被联机编目所取代，对于一部分图书馆来说，绝大多数编目工作变成了拷贝别人的成果。不过虚拟性网上资源也将成为编目的对象，"由于电子信息生成、复制、流通的特殊性，使得它比印刷型资源更加难以管理"，这是图书馆编目员面临的一项新的难题。

（2）流通、阅览方式的转变。机器识别从根本上改变了原有的繁复的手工流通方式，大大地节省了时间，提高了效率。馆际互借也不再仅是文献实体的借还，而更多的是通过网络传输用户需求的文献信息。至于阅览方式则从以图书馆为中心发展到图书馆、办公室、家庭三位相结合，各种书目数据、检索性和全文光盘的上网，使读者可根据实际需要选择在图书馆、办公室或家中进行阅览。这种转变主要归功于网络化的发展，在网络环境中，流通服务内容向信息化转变，真正做到广、快、精、准。

3. 向现代数字图书馆发展的条件

无论是传统图书馆还是数字图书馆，提供文献信息服务是图书馆存在与发展的先决条件。

（1）每个图书馆都应以致力于建立各种可用资源组织起来的结构环境，满足读者的信息需求为发展目标。尽管我们强调电子资源的存取，但电子资源不会取代一切。只要读者有阅读印刷文字的需要，图书馆就要收藏它们，并在此基础上改进查询手段，通过改进检索指南和工具，传统资源就能得到更有效的利用。因此，对各种类型的信息资源进行集成，建立起友好、完整、顺畅的读者导航和检索咨询系统，提供经图书馆工作人员选过的信息资源是每个图书馆的发展目标。

（2）推进硬件建设，缩小技术上的差距。数字图书馆是计算机、通信、信息内容处理等高新技术的综合体系，是建立在一系列高新技术基础上的。而目前图书馆的基础设施还很薄弱，许多技术问题仍制约着数字图书馆的发展。对此，我们应主动迎接数字化技术革命的挑战，紧跟信息技术的发展潮流，针对数字图书馆建设中的一些关键性技术问题，开展广泛的国内国际交流与合作，借助相关行业的力量，学习、引进、借鉴国外的经验，高起点地推进数字图书馆关键技术的攻关和创新，迎难而上，疏通瓶颈，缩小技术上的差距。

（3）注重馆员素质培养，提高服务水平。图书馆的成功依赖于讲求效率、训练有素的馆员，依赖于馆员极高的服务质量、专长和工作热情。任何事物只有不断创新，才能有旺盛的生命力，才能向着更高、更好的方向发展。同样，图书馆服务需要不断拓宽领域，提高层次，才能最大限度地满足读者的需求。由于数字技术下的服务创新方式较之传统图书馆具有更多复杂性、多样性和技术含量高等特点，通过学习使用以及熟悉这些相关数字技术的知识,可以促进馆员队伍的知识结构、服务观念的更新和技术水平的迅速提高。同时,使读者熟悉数字化信息的特征和优势,通过多项检索途径和方法的实践,为读者在其他数字化、网络化媒体上获得更多的信息打下良好的基础。

数字图书馆是指图书馆馆藏信息实现数字化管理,而且通过提供网上交互服务,使图书以虚拟形式存在于硬盘、软盘和光介质中或流动在网络上。读者可以用自然语言,通过人机交互,利用人工智能学习和自适应算法以及模糊集合理论中的模糊推理,在异构的分布或数据库中查询和检索信息,获得一致性的(连贯的)文献资源。为了适应不同国家、不同地区、不同文化背景和不同语言的读者的需要,数字图书馆兼有多种语言转换和编译的能力,以帮助读者从任何国家、地区获得任何语言形式的文献资源。数字图书馆具备强大的信息和知识收集、传播和发布的功能,使得图书馆从传统的以图书借阅为主的单功能服务向以信息和知识检索、收集、传播、发布为主的多功能服务转变,从被动式服务转向主动式服务。

网络存取作为最重要的创新点,现已成为世界上存储量最大的数字资源。这一切在向我们昭示:虚拟化的数字图书馆正在迅速向我们走来。中国数字图书馆工程联席会议在北京召开,这标志着一个由文化部牵头,中国电信、中国国家图书馆、中国科学院、航天工业总公司、广播影视信息网络中心、清华大学、北京大学等单位联手,诸多专家学者共同参与的大文化工程——中国数字图书馆工程正式启动,我国图书馆发展的主要方向和重点是对传统图书馆进行建设和改造,进而通过联合重组使之发展为网络信息图书馆。

五、图书馆服务战略管理框架

图书馆服务战略管理过程实际上是战略使命设定、战略分析、战略制订、实施和控制的过程。战略管理的任务在保持这种动态平衡过程的条件下,实现图书馆的战略目标。

第一阶段:服务战略使命确定。

战略管理的首要任务是明确图书馆的使命,即图书馆存在的价值。确定使命的过程就是战略形成的过程,也是为实现目标而决定如何使用现有资源的战略选择过程。

确定图书馆使命的目的是确定未来图书馆发展方向，使命必须转化为具体的目标，目标必须有层次性、协调性、可行性和激励性，必须明确"完成什么"和"何时完成"这样具体的问题和标准。具体来说，是图书馆作为一个公益性组织，应该向社会提供哪些服务，它是图书馆存在的理由。

第二阶段：服务战略环境分析。

服务战略环境分析是指为保证图书馆在现在和未来始终处于良好状态的关键性影响因素形成一个概观，重点考察图书馆所面临的外部环境、图书馆自身的资源和能力、图书馆管理者对战略管理的影响。战略分析通常使用SWOT分析法，即图书馆外部环境和内部环境的评价。外部环境分析主要探寻在外部环境变动中可能出现的机会和威胁，内部环境分析主要用来评价图书馆自身的优势和劣势。通过SWOT分析，有助于发现读者的需求和图书馆潜在的问题，进而进行战略选择以及实现目标。

第三阶段：战略方案制订。

战略方案制定是图书馆服务战略管理的主要内容。是围绕完成图书馆的使命，在充分分析图书馆面临的外部环境威胁、机会，内部条件的优势、劣势基础上，针对图书馆的战略性问题、对未来的设想和对照与现实之间的差距来制订有效的方案，制订图书馆全局性和长远性的发展计划。包括战略方案的设计、评估与选择的过程。

第四阶段：服务战略实施。

服务战略的实施是图书馆服务战略管理中的关键工作，是指按照战略规划的要求调动、分配图书馆的资源，保证战略目标实现的活动。战略实施要求图书馆根据已经制定的服务战略，树立长期、中期和短期目标，制定相关制度和政策，建立有效的组织结构，培训和激励馆员，合理配置资源，并通过多种手段保障服务战略的实施。

第五阶段：服务战略控制反馈。

鉴于图书馆的内部、外部环境处于不断变化之中，为了实现既定的战略目标，必须对战略进行控制。战略控制反馈指在战略实施过程中，对战略实施过程中所进行的纠正偏差的行动，并根据信息反馈进行战略调整，以期实现图书馆的战略目标。图书馆需时刻关注外部环境和内部因素，评估已取得的成绩，评价现有的状况与预期的差距，找出差距产生的原因，对不利的情况及时采取纠正措施。可见，图书馆服务战略管理过程实际上是一个制订战略、实施战略以及不断修正战略的动态过程。

六、图书馆服务战略使命的确定

1. 使命

使命（Mission）是战略管理必须解决的最重要的问题，也是组织不能回避的现实问题，战略管理的第一步要求就是规定组织使命。使命是图书馆之所以存在的理由与所追求的价值，它明确地揭示了图书馆存在的目的、宗旨、信念以及图书馆的基本形式。使命具体地表明图书馆愿景和发展方向。它必须回答诸如："我们到底是什么样的图书馆？""我们想成为什么样的图书馆？""谁是我们的读者？""我们如何管理？"等重大问题。使命勾画了图书馆当前和未来的美好前景、概括了图书馆的价值取向和信仰。使命概括了图书馆要做什么和为谁而做，是整个服务战略管理的顶层，指明了图书馆未来的发展方向，是图书馆制订服务战略的前提和战略行动的指南。

2. 愿景

愿景（Vision）是一个图书馆以使命为基础，对图书馆前景和未来发展的高度概括性的描述，是图书馆用来统一全体馆员的思想和行为的有力武器，是所有馆员发自内心的共同意愿，是能够激发馆员为之奋斗的未来目标。愿景由核心理念和未来展望两部分构成。核心理念表明图书馆存在的根本原因，是图书馆灵魂和精神所在，具有永恒的激励作用。

每个组织都应该有自己的愿景。建立愿景有助于组织以此为基础制订战略计划，并且为组织提供确立目标的一种参照标准。事实上愿景并非个人的一厢情愿，也不是组织决策者的宏伟蓝图，它就好比是组织文化，是植根于组织内每一位员工的对于组织未来美好状态的描述，但它可能是"永远也达不到的完美状态"。建立成功的愿景是一个结构性和系统性的过程，它需要做大量艰苦的工作以积极地创造愿景长生的条件，包括如下几个方面。

第一，创造适宜于建立愿景的组织文化，也就是说组织成员要都能够并且愿意共享愿景实现过程中的艰辛与喜悦。

第二，识别和培养关键利益相关者，愿景的建立必须充分考虑到与客户、供应商等利益相关者进行沟通，并试图与他们达成共识。

第三，理解信息和价值，建立愿景要求获得相关信息，通过对周围环境全面的描述来预测将来的情况。如果信息不畅通，那么服务企业的生机就丧失了。

第四，了解人们的渴望，一个成功愿景的建立需要集体讨论和行动计划。

第五，理解时间观念，愿景是关于未来的期望，是一个未来的时间概念，因此我们既要保持与过去的联系，同时又要对新的问题提高反应力，还要使这样的平衡成为一个被动概念。未来展望代表图书馆追求和努力争取的东西，它随着图书馆经营环境的改变而改变。

未来展望由未来 10~30 年的远大目标和对目标的生动描述构成。远大目标是激励馆员的有力工具。它能统一人们的认识和激发人们的团队精神和创造力。

3. 目标

目标（Goals）是图书馆一定时期内，为实现其使命所要达到的长期结果，它明确了图书馆努力方向，体现图书馆具体的期望，表明了图书馆行动的纲领。战略目标分为战略远景目标与战术目标两类。

（1）战略远景目标是图书馆对未来的展望，例如，上海图书馆的战略目标："成为世界级城市图书馆；应上海迈向世界级城市的文化需求；发展多样性文献积累和网络服务技术；达到世界一流的管理水平和服务质量。"

（2）战术目标是图书馆在一个时期内的执行目标，是对图书馆使命的具体分解，表现为可以量化的一系列具体指标。是为了实现长期战略目标而设计的，它的时限通常是一个年度。要求明确具体，切实可行。如"本年度图书馆读者满意度达到90%"。

七、图书馆服务战略环境分析

对战略环境进行有效分析是制定切实可行的服务战略的先决条件，环境分析的主要目的在于仔细研究未来影响图书馆行业的机遇和风险，图书馆自身所具有的优势和劣势，明确图书馆实施服务战略的能力。

1. 图书馆服务环境分析因素

服务战略环境分析对图书馆而言是一个持续动态的管理过程,包括外部环境分析和内部环境分析。外部环境包括如下两类。

(1)宏观环境分析:由政治环境、经济环境、科技环境、社会文化环境等组成。

(2)行业环境分析:由行业竞争现状、供应商讨价能力、买方讨价能力、替代品及新进入者等组成。

内部环境因素分析包括两类:图书馆内部条件,包括资源、能力的优势和劣势;图书馆馆长的创新。

2. 宏观环境分析

宏观环境又称为间接因素,是属于大范围内的环境因素,由政治环境、经济环境、法律环境、科技环境、文化环境等组成。这些因素对图书馆的影响是普遍的,且这些因素是通过行业环境反映出来,虽然不会立即发生作用,但会产生深远的影响。

3. 行业环境分析

行业环境也称微观环境、直接环境,是企业从事生产经营活动的最直接的环境,它由众多生产相同产品或相近产品的企业组成。虽然宏观环境对企业的竞争有一定的影响,但是对企业竞争带来最直接、最关键影响的还是行业环境,因此一般将行业环境作为竞争环境的分析重点。迈克尔·波特教授认为:行业竞争现状、供应商讨价能力、买方讨价能力、替代品及新进入者的威胁五大因素影响企业在业内的地位及竞争力。他提出了行业结构分析模型。这五种作用力共同决定了行业竞争的强度,决定了一个图书馆的竞争地位。

4. 图书馆内部环境分析

图书馆的内部环境也称为内部条件,指的是评价图书馆已经具备的可获取的资源数量和质量,图书馆的内部环境是可控因素,可以经过努力,创造和提高的能力,但也可能由于管理不善而失控和削弱。

(1)图书馆内部资源评价

资源是服务组织所具有的、为顾客提供服务体验的、包括有形的物质要素和支持无形的所谓"纯粹服务"的服务组织人员所组成的一切物质和非物质的因素。图书馆服务资源是为社会、用户提供利用而组织起来的相互联系的多种资源的动态有机整体，即图书馆所控制或拥有的有效因素的总和。图书馆的主要资源包括人力资源、服务设备设施资源、馆藏资源等。

1）人力资源。图书馆内部的人力资源与图书馆的战略能力关系密切，战略分析中的人力资源问题包括两方面：一方面是馆员的技术能力、工作能力、受教育水平、馆员之间的关系和合作态度等；另一方面是图书馆内部交流系统、考核体系、激励体系和决策行为等。上述环节都会影响图书馆战略的有效执行。

2）服务设备设施资源。设备设施的实现服务战略规划的基础保障，战略分析中的服务设备设施问题主要包括两方面：一方面是图书馆的设备设施的配套、齐全程度是否能满足不同读者需求。另一方面是设备设施的可靠性、安全性和舒适性，处于良好状态，能正常运转，并且能保证读者的人身安全不受侵害，在此基础上还应使读者使用方便并感到舒适。

3）馆藏资源。馆藏资源是图书馆开展服务所凭借的知识内容及其表现形式，在目前仍是图书馆最重要的资源之一。主要包括实体馆藏资源和虚拟馆藏资源。战略分析中的馆藏资源问题主要分析馆藏资源数量、种类、学科覆盖范围是否满足读者需求。

（2）图书馆内部能力评价

图书馆内部能力是由各种有形资源、人力资源、投入产出综合作用的产物，因此不能像资源那么容易识别，但是可以在图书馆的各项服务活动中体现出来。图书馆的内部能力主要包括组织能力和个人能力。

1）组织能力。组织能力的建设关系到图书馆的长远发展，是指图书馆各个部门或团队作用才能发挥资源和个人能力的能力，包括图书馆适应外界环境变化的能力、图书馆内部各部门之间整体的协调能力、图书馆领导能力、管理能力、创新能力等。

2）个人能力。是指图书馆内馆员个人业务技能、沟通技巧、管理才能、内部协调能力等。个人能力和组织能力是密切相关的，个人能力是组织能力的基础，较强的组织能力依赖于个人能力的普遍提高。培养忠诚的馆员和提高图书馆整体能力是增强图书馆整体能力的重要因素。

5.图书馆馆长创新精神和价值观

图书馆馆长承担着全馆人、财、物的安排，肩负着决策、指挥和宏观调控的职责，在图书馆管理中占有特殊的地位。可以说馆长是图书馆的代言人，是图书馆变革的推动者。馆长的创新精神和价值观在图书馆的建设和发展中起着重要的作用。

八、图书馆服务战略的选择

制定战略和实施战略的关键都在于对图书馆外部环境的变化进行分析，对内部条件进行审核，并以此为前提确定图书馆的战略目标，使三者之间达成动态平衡。即在分析内外环境的基础上，将图书馆的内部资源与外部环境进行配置，以期获得基本的战略选择方案。

1.对图书馆服务环境进行分析，明确优势、劣势、机遇和威胁对服务环境分析方法很多，最常用的为SWOT分析法，它是一种综合评价图书馆外部环境和内部条件的各种关键战略要素，从而选择合适的服务战略的分析工具。其中：S（strengths）代表图书馆内部的优势、W（weaknes）代表图书馆内部的劣势、O（opportunity）指图书馆外部环境中的机会和T（threats）指图书馆外部环境中的威胁。根据图书馆内外部的不同情况，SWOT为图书馆提供了四种可选择的战略，即SO战略、ST战略、WO战略和WT战略。SO战略是图书馆最理想的一种组合，图书馆可以充分依托内部优势，利用外部机会。利用自身的资源和长处与利用外部环境变动中出现的机会有机地结合起来，促成图书馆发展的良机。

WO战略意味着图书馆的外部环境中存在机会，但图书馆内部的缺陷和弱点使得把握机会困难重重。对此，一方面可以充分利用机会来克服不足之处；另一方面，图书馆要对自身的缺陷加以完善和改进，使机会能够切实转化为图书馆的机会。

ST战略表明图书馆可以利用内部优势有效规避由于外部环境变动带来的风险，比如，限制和扭转不利因素的发展，调整图书馆战略以减轻威胁，或者寻找新的发展机会。WT战略对图书馆而言是最困难的状况，不仅内部存在弱点，同时外部环境也给图书馆带来威胁。因此，图书馆要努力减轻威胁因素造成的不利影响，又要提高管理水平和效率，改变劣势，等待环境变化中有利图书馆发展中的机会出现。

SWOT 方法的基本点，就是在战略制订时必须使其内部能力（优势和弱势）与外部环境（机遇和风险）相适应，以获取发展。

2.服务战略制订过程

在分析图书馆的内外部环境的基础上，围绕图书馆的使命，针对图书馆的战略性问题、对未来的设想和对照与现实之间的差距来制订战略方案，并进行战略方案的选择。战略制订过程实际上是战略方案的设计、评估与选择的过程。其中战略方案设计的内容包括明确规定图书馆的目标（长期、中期和短期目标）；将战略转化为具体的行动，制订具体的实施计划；制订备选战略方案等。在战略具体化过程中，常常由于内外环境的变化而必须对方案进行评估与重新调整。

九、图书馆服务战略的实施

服务战略的实施是一个复杂的、动态的系统工程。图书馆服务战略实施是指为了贯彻和实施已制订的方案而进行的各项活动。这就要求图书馆一方面必须全面考虑，抓住关键环节、理顺关系，才能保证服务战略实施的井然有序；另一方面将战略目标层层分解，落实到具体的部门或个人，在空间上，明确各部门的任务和目标；在时间上，明确完成目标的具体时间。图书馆服务战略有效实施的保障条件主要包括如下几点。

1.制度体系。完善的制度体系是图书馆实施服务战略的基本保障。制度是指具体的准则、方法、程序、规则，是为实现既定服务战略目标时的行动方向与方式，明确了图书馆对馆员的要求。例如，图书馆为保证服务战略的实施，通过制定《馆员手册》《岗位责任制》等一系列规章制度，对馆员的日常行为准则、服务方法、服务程序进行指导、规范和约束。

2.组织结构。高效率的组织结构是图书馆实施服务战略的先决条件。图书馆服务战略的实施效果如何，在很大程度上取决于组织结构与服务战略的匹配程度。由于服务战略的实施总是要通过图书馆内部各级、各部门的分工、授权、资源分配才能进行，因此，组织结构既可能促进服务战略的实施，也可能起阻碍作用。所以，图书馆的组织结构必须与服务战略相匹配，并随着战略的改变而调整。

3.服务资源。合理配置服务资源是图书馆实施服务战略的首要前提，在实施服务战略的过程中,图书馆要将人力资源、物力资源、财力资源科学合理地配置到各个部门,是服务战略管理的核心活动。

4.馆员培训。馆员是图书馆实施服务战略的关键因素,因此要重视馆员的培训和指导,让馆员理解图书馆的战略,具备执行战略方案的能力。

5.服务文化。制订和实施服务战略需要图书馆中每个馆员的参与和支持,所有馆员都必须认同提供优质服务的原则,这需要提倡一种以读者为中心的服务文化,这种文化的核心是读者导向和质量意识,每个人都要为内部、外部的读者提供优质的服务,它是每个人都要遵守的行为准则之一,也是图书馆的核心价值观。

6.服务战略的控制反馈

随着内外环境的变化,难免会出现战略与现实不相吻合的现象,因此,在图书馆服务战略实施过程中,必须加强控制,随时调整战略方案以适应已变化环境的要求。战略控制指在战略实施过程中,为保证战略计划的执行所进行的纠正偏差的行动,通过战略控制,一方面可以及时发现战略执行中存在的不足之处,为完善战略提供参考;另一方面可以作为重要的依据来评价战略管理及其目标的实施效果。图书馆服务战略控制过程的内容如下。

(1)制定评价标准

评价标准用以确定是否达到预期战略目标,是战略控制的重要内容。例如,图书馆服务战略有一个统揽全局的总体目标,各部门要围绕着总体目标形成自己部门目标,并制定完成目标的评价标准。评价标准应力求细化、量化、公正。

(2)评价工作成绩

管理者通过观察、报表、报告、抽样调查、召开会议等多种方法,来获得图书馆实际工作绩效方面的资料和信息,并把图书馆战略管理中取得的实际成绩与评价标准相比较,对服务战略的实施进行控制。

(3)反馈和纠正

对控制过程中出现的问题,必须针对其产生的原因采取纠正措施,以便真正达到战略控制的目标。若内外环境发生了重大变化,则应实施战略调度,战略调度是战略控制的继续,包括设置战略调度机构与人员,不断地进行战略分析评价和战略修订。

图书馆服务战略是指图书馆致力于获得读者的忠诚而确立的、为读者提供满意服务的根本策略，图书馆服务战略是提高图书馆服务水平，增强图书馆服务素质、适应外界环境变化、提高图书馆核心竞争力的有力武器。图书馆服务战略的本质就是为实现图书馆与外界环境变化的动态平衡，促进图书馆的可持续发展。图书馆服务战略的核心思想是图书馆的全部服务活动都要从满足读者的需求出发，强调以读者为中心，以提供满足读者需要的服务为图书馆的责任和义务。

第三章 图书馆的管理与创新

第一节 图书馆管理中科学理念的应用

一、人本管理思想在图书馆管理中的应用

在网络化和数字化的今天,知识经济给图书馆界带来了严峻的挑战。不少图书馆纷纷采取应对措施。在硬件上,建立数字图书馆;在软件上,实行人本管理。虽然很多人对于后者远没有对前者那么重视,但实际上,人本管理在提高图书馆的竞争力、促进图书馆可持续性发展方面的意义丝毫不亚于前者。

(一)人本管理的内涵

管理是人类的一种基本实践活动,图书馆管理是一般管理的一部分,是管理科学的分支学科,图书馆的人本管理则是图书馆管理中的一种新模式。这种新模式的内涵与传统的图书馆管理有着很大的不同,但它并不是完全脱离传统的图书馆管理凭空产生的,而是在传统图书馆管理的基础上吸收现代管理学中的新的研究成果而生成的,其内涵是这二者的有机结合。可以定义如下:图书馆人本管理就是通过确立人在图书馆管理工作中的核心地位,充分调动人的主观能动性,以此推动人和组织的共同发展并求得最好地发挥图书馆职能的一种管理活动。

(二)图书馆管理工作的核心主体

传统图书馆管理的管理对象是馆员、经费、文献及设施,统称人、财、物三要素。人本管理则在此基础上突出强调人在管理要素中的核心地位,即一切管理活动均应以人为中心、以人为目的地开展。在一切因素中,人始终是第一要素,是最为活跃、起

决定作用的要素。这里的人具体来说就是指图书馆员，因此有人提出了"图书馆员第一"的口号。但现在有一种较为流行的看法，认为人本管理中以人为本的人包括两个方面，即作为服务主体的图书馆员和作为服务客体的读者，以致引起"馆员第一"和"读者第一"的论争。这是将图书馆的管理对象与服务宗旨两个范畴的概念搅在了一起。树立"读者第一"的服务宗旨是管理的目的，管理的目的是在被管理的系统之外的，而管理是在一定的系统之内进行的，管理的对象只能是系统内的所有资源。如同金融、保险、电信、商业等窗口行业一样，其服务对象是不能纳入其系统内部的管理机制之中的。在图书馆管理工作中，我们可以提出"馆员第一"来强调人在管理中的核心地位，但无论如何它不能取代图书馆的服务宗旨。同样，作为服务对象的读者也不在管理对象之列，既不能取代也不能并列于管理要素之中，我们所说的在管理工作中具有核心地位的人员是指图书馆员。

（三）马斯洛需求层次理论

美国著名行为科学家亚伯拉罕·马斯洛于1943年在《人才动机理论》一文中提出了需求层次论，得出人类有五种基本的需求，它们由低到高分别是生理的需求、安全的需求、社交的需求、尊重的需求与自我实现的需求。

人都潜藏着这五种不同层次的需求，但在不同的时期表现出来的各种需求的迫切程度是不同的。人最迫切的需求才是激励人行动的主要原因和动力。人的需求是从外部得来的满足逐渐向内在得到的满足转化。这五种需求不可能完全满足，愈到上层，满足的百分比愈少。任何一种需求并不因为下一个高层次需求的发展而消失，各层次的需求相互依赖与重叠，高层次的需求发展后，低层次的需求仍然存在，只是对行为影响的比重减轻而已。而高层次的需求比低层次的需求具有更大的价值。同一时期内往往存在几种需求，但是，每个时期总有一个需求占主导地位。人的五种基本需求在一般人身上往往是无意识的。对个体来说，无意识的动机比有意识的动机更重要。

人类价值体系存在两类不同的需求。一类是沿生物谱系上升方向逐渐变弱的本能或冲动，称为低级需求和生理需求；一类是随生物进化而逐渐显现的潜能或需求，称为高级需求。在高层次的需求出现之前，低层次的需求必须得到适当的满足。低层次需求满足后，高层次需求的满足则会增强激励的力量。

（四）调动人的主观能动性是人本管理的核心

1. 主观能动性是人的主要特征。谈管理离不开人，谈人则牵涉到对人的本质的认识，但这实在又是一个相当复杂的哲学问题，虽然有很多的专家学者做了深入的研究，但至今尚无一种学说能被普遍认可，较有影响的有实践说、劳动说、工具说、语言说、意识说等。虽然是众说纷纭难有定论，但大多论述都肯定主观能动性是人类的一个主要特征。

主观能动性是指人的主观意识和活动对客观世界的反作用。人不是像镜子那样消极地、被动地反映客观世界，而是在实践中积极地、能动地认识客观世界，并且在认识的指导下能动地改造客观世界。人的主观能动性不仅表现在对客观世界的认识和改造上，人还能够自我认识、自我锻炼和改造、自我实现，在实践中不断提高自身的认识能力与改造能力。这种主观能动性是人类特有的，其他事物不具备的。人的主观能动性主要表现为意识活动具有自觉性、目的性、创造性和现实性，人的独有的这种主观能动性是人本管理运行机制的哲学基础。

2. 需求是调动主观能动性的基本动力。上述意识的能动性表现正是馆员高素质的基本组成成分。但是人的主观能动性并不是随时随地、自然而然、无条件地发挥出来的，它要求调动，这就是人本管理中管理者的核心工作。

人的行为是由动机支配的，而动机又是在需求的基础上产生的。需求是一种个性倾向，它反映个体对内外环境的要求，是个体的心理与行为的基本动力。需求常常在主观上以一种不满足感被人感受和体验，是人的行动的积极性的源泉。人的需求是多种多样的，高层次的需求对人有一种拉动力。

马斯洛的理论为调动主观能动性提供了方法。不同的人及处于不同阶段的人都有他们的不同需求。管理者要做的工作有：①了解：了解不同人不同阶段的不同需求，为有的放矢地调动主观能动性奠定基础；②刺激：需求人人都有，但有的强烈，有的轻微，有的彰显，有的沉隐，因此对那些不那么强烈的或是潜在的需求要给以刺激，要让每个人在每个时期都能有追求的目标；③调整：人们的追求目标并不一定都是符合实际、都是现实可行的，这需要管理者根据个体的条件和客观实际给予调整，不切实际的追求目标将会伤害人们的积极性；④帮助：管理者不仅要对馆员提出要求，而且应该为馆员达到这些要求创造条件，尽可能地提供帮助。

马斯洛的理论对我们很有帮助，但不可生搬硬套，其学说也存在着一些不足。如马斯洛认为人的需求只有在满足了低一级的基础上才能产生高一级的需求。但事实上，在人类历史的长河中，从来就不乏身处饥寒交迫而心忧天下黎民的仁人志士。就一般人而言，需求也不像马斯洛排列的那样层次分明。比如职称的评定，既可以说是生理的需求，因为它与待遇挂钩，也可以说是尊重的需求，还可以说是自我实现的需求。另外，"自我实现"也并非人类需求的顶点。"自我实现"之人多为事业成功者。事业的成功并不意味着人格的完善，追求人格的完善应该才是人类的最高需求，而且这种追求是无止境的。调动人的主观能动性既不应有理论上的盲区，也不应有实际工作中的死角。永不满足才是人的天性，唯有如此，人类才能不断发展、不断进步。

3. 正确认识主观能动性。我们把主观能动性作为人本管理的哲学基础，这种主观能动性是建立在辩证唯物主义的基础上的。我们强调人的意识对客观世界有巨大的反作用是以存在决定意识为前提的，但切不可过分夸大它的作用。

主观能动性的发挥受客观存在的制约。意识的能动作用一般说来有两种不同的性质和结果。一种是促进事物的发展，一种是阻碍事物的发展。正确反映客观事物及其规律，严格按客观规律办事，就能对事物的发展起积极的推动作用；歪曲反映客观事物及其规律，不顾客观条件，不按客观规律办事，就会对事物的发展起消极的阻碍作用。因此，管理者在充分调动人的主观能动性时要注意引导馆员尊重客观规律，正确地发挥主观能动性。

（五）基于需求层次理论的图书馆激励机制是人本管理的基础

1. 图书馆实施激励机制的前提——制定明确的目标。马斯洛理论认为，目标对人具有诱发导向，清晰的目标能激发人的动机，规定行为的方向。众所周知，图书馆由于缺乏内部竞争动力，而每项具体工作又都比较琐碎而乏味，经过一段时间熟练之后，馆员非常容易产生能力上的满足和心理上的懈怠，不思进取，得过且过，逐渐丧失工作的热情和目标，从而失去自身的驱动力。这时，馆领导就要根据形势和任务确定一个时期内切实可行的组织目标和个人目标，引导大家围绕着组织目标的实现来满足个人目标的需求，从而调动起馆员努力工作的积极性。同时，图书馆组织目标的实现还能满足职工的自尊心和自信心，使他们焕发出极大的工作热情，形成同心同德、群策群力的局面。

2. 满足馆员基本需求的基础——物质激励。在需求层次论中，马斯洛把生理需求看成人类的最低级要求，这也就意味着物质需求是满足人们生存要求的最基本也是最重要的需求。因此，作为图书馆的管理者应首先把满足馆员的基本生活需求作为物质激励的基础，通过适当地创办各种福利事业来增加职工的收入，从根本上调动起全体馆员工作的积极性和热情。

3. 重视馆员潜能发挥的根本——精神激励。马斯洛的研究还表明人的内在力量不同于动物的本能，人的本能要求其内在的价值与潜能得以实现——自我实现。也就是说，当物质需求得到一定程度的满足后，人们的精神需求便成了其他层次需求的主导因素。由此可见，利用人的本能动机来充分发挥人的潜在能力，这便是精神激励得以实现的根本。积极引导职工参与管理，充分行使他们的民主权利。所以，管理者必须充分发扬民主作风，要尊重职工，重视他们提出的各种合理要求和建议，积极动员和吸收每位馆员参与重大问题的决策，充分行使他们的民主权利，这也是对馆员的一种尊重和信任。让每位馆员意识到自己在集体中的地位和作用，从而增强主人翁意识和责任感，这必将激发其极大的工作热情。

人才发展是图书馆发展的主旋律。图书馆要发展创新就必须建立完善的人才培养机制，做到统筹安排，合理规划。将社会需求、图书馆培养目标和工作人员自身价值的实现有机结合起来，拓宽其知识面，优化其知识结构，多途径地提高员工的整体素质，让他们开阔视野、挖掘潜能，使图书馆拥有可持续发展的原动力。

二、运筹学在图书馆管理中的应用

Operation research（OR）原意是操作研究、作业研究、运用研究、作战研究，译作运筹学是借用了《史记》"运筹策帷帐之中，决胜于千里之外"一语中"运筹"二字，既显示其军事的起源，也表明它在我国已早有萌芽。

（一）运筹学基本理论

运筹学是现代数学的一个重要分支，属于信息科学和数学的综合科学，是20世纪

40年代发展起来的一门具有较强实践性的综合学科，它使用许多数学工具和逻辑判断方法来研究系统中人、财、物的组织管理、筹划调度等问题，以期发挥最大效益。运筹学是软科学中的一个学科，是系统工程学和现代管理科学的基础理论之一，是许多学科不可缺少的方法、手段和工具。

目前普遍认为，运筹学的活动是从"二战"初期的军事任务开始的，在20世纪50年代以后得到广泛应用。对于系统配置、聚散、竞争的运用机理深入研究和应用，形成一套比较完备的理论，如规划论、排队论、图论、对策论、库存论、决策论、网络技术等。

运筹学将许多具有典型性的问题抽象成具有共性的数学模型，对模型求解，再对解进行切合实际的解释，然后把结果用于这类问题。它是科学、定量地研究问题，对复杂的数量关系进行分析研究，建立一定的数学模型，然后运用数学的有关原理求得问题的最优解，找到最合理的方案。

（二）图书馆资源共享的运筹学问题

运筹学主要研究效率问题，图书馆资源开发就是要实现资源的价值，使投入更有效率。我们经常发现，几所相邻大学图书馆藏书结构相似，这样它们都有一些供不应求的资源，也都有一些不能充分利用的资源。双方若能将有限的资金运用于建立具有个性的藏书结构，在藏书结构上互补，且能互相利用对方的图书馆，则效率会大大提高，资源也得到充分利用。不能做到充分的资源共享的关键就是各自都局限于自己的小系统看问题，在资源共享中必须要打破一些条条框框，树立协作思想，才能做到共同受益。

（三）排队论在图书馆管理中的应用

1.排队论的概念。排队论也称随机服务系统理论，是运筹学的组成部分，是研究要求获得某种服务的对象所产生的随机性聚散现象的理论，"聚"表示服务对象的到达，"散"表示服务对象的离去。排队过程的共同特征表现为：有请求服务的人或物称之为"顾客"，读者借书过程中的"顾客"就是等待借书的读者；有为"顾客"提供服务的人或物称之为"服务台"，读者借书过程中的"服务台"是图书管理员；由顾客和服务台构成一个排队系统。如果到达的顾客能进入服务设施就受到服务。如果他们必须等待就开始参加排队,直到他们能受到服务为止,然后以恒定的或变化的服务率接受服务,接着便离开系统。

2. 排队模型。典型的排队模型有三种(最简单的排队模型、单台—单相随机排队模型、多台—单相随机排队模型)。在这里研究最简单的模型。顾客到来的速度用 X 表示,服务的速度(用 Y 表示),若这两者都是固定的,则有三种情况:① $Y>X$,则服务设施可有 1-X/Y 的空闲时间。② $Y<X$,则排队愈来愈长。③ $Y=X$,不用排队,服务设备也得到充分利用。

3. 排队论在图书馆管理中的应用举例。某校新校区图书馆有读者 13000 人,每天来馆借书在 300~800 人次,本馆图书实行开架借阅。设置 300 个代书板,每人限拿一个代书板借书。则库内最多 300 名读者。每人平均在库内逗留时间为 10 分钟。每天工作时间 7 小时,则本馆日容纳读者量为 $300×60÷10×7=12600$。就是说本馆基本上能满足读者同日到馆的情况,也就是说即使在人流最多的时候,也能满足接待任务。在这里,300 个代书板相当于 300 个排队系统。每个 10 分钟的逗留时间相当于服务时间的分布,也就是服务速度。这表明每 10 分钟本馆平均可接待读者 300 名。本馆的还书口有 2 个,设平均每分钟接待 1 名读者,则本馆日接待还书读者量为 $2×1×60×7=840$。虽然该馆日还书接待能力只有借书接待能力的 1/15,且读者到馆时间也经常很集中,但从用户到馆的速度 300/(60×7)~800/(60×7) 和服务的速度(S=2)来看,$S>A$,服务设施可有 1-AS 的空闲时间,所以还书设备和人力是足够的。

以上是将运筹学运用到图书馆管理中的实例。其实,运筹学的许多分支如动态规划、统筹方法、存储论及非线性规划等都可以应用到图书馆管理中,帮助决策者做出科学的决策。

第二节 现代图书馆管理建设

一、现代图书馆管理的内涵

中西方学者对于图书馆管理概念的研究采取了不同的态度。西方学者在自己的论著中对图书馆管理的概念均无明确的定义。而我国学者采取的做法则截然不同。因为在传统的各学科基础理论的研究中对于概念的研究是一项重要内容。

众所周知，概念是组成判断的基本要素，而推理和论证又是由判断组成的。所以，概念是思维形式最基本的单位。概念所反映出的事物本质属性或特有属性的思维形式是人们在实践的基础上经过感性认识上升到理性认识而形成的。一般情况下，概念有内涵和外延之分。概念的内涵是指概念所反映的事物的特殊性或者事物的本质特征，它反映概念质的方面，说明概念所反映的对象是什么样的。概念的外延反映出包含在概念中的不同种类的事物，它反映概念量的方面，即概念的适用范围，它说明概念反映的是哪些对象。因此，鉴于概念在基础理论研究的重要性，我国的一些学者对于图书馆管理都给出了自己的定义。

黄宗忠认为，图书馆管理就是通过计划、组织、指挥、协调和控制等活动，最合理地使用图书馆系统的人力、财力、物质资源并使之发挥最大作用，以达到图书馆预期目标，完成图书馆任务的过程。

吴慰慈认为，图书馆管理是对图书馆的文献信息、人力、财力、物质资源通过计划和决策、组织、领导、控制、协调等一系列过程来有效地达成图书馆的目标的活动。

郭星寿认为，所谓图书馆管理，就是遵循图书馆工作的规律，依据管理工作的内容与程序，在图书馆系统最优化的条件下，充分利用其资源以有效地实现其社会职能的一系列有组织的活动。

于鸣镐认为，应用现代科学的理论与方法，遵照图书馆工作和图书馆事业的固有规律，合理地组织和最大限度地发挥图书馆的人力、物力、财力等各种资源的作用，以便达到预定目标的决策过程。这就是图书馆的科学管理。

鲍林涛主编的《图书馆管理学》指出，图书馆科学管理就是通过计划、组织、指挥、协调和控制等行动，按照图书馆事业和图书馆工作的发展规律，最合理地使用图书馆的人力、财力、物质资源，使之发挥最大的作用，以达到图书馆预期的目标，圆满地完成图书馆任务。

潘寅生主编的《图书馆管理工作》指出，图书馆管理是遵照图书馆工作的客观规律，通过计划、组织、协调、指挥等手段，合理配置和使用图书馆资源，以达到预期目标，满足读者知识信息需求的一种活动。

倪波、荀昌荣认为，图书馆管理是指应用现代管理学的原理和方法，合理组织图书馆活动，有效地利用图书馆人力资源和物质资源，发挥其最佳效率，达到其预定目标的过程，并在此过程中不断地审查改进，最终圆满完成任务。

原国家教委高教司《图书馆管理学教学大纲》提出，图书馆管理是指以图书馆发展的客观规律为依据，遵循管理工作的内容与程序，建立优化的管理系统、合理配置和利用图书馆资源，实现其社会职能的控制过程。

综合以上关于图书馆管理的论述，我们可以看出，当前图书馆的管理概念是因各学者或组织的出发点及角度的不同而产生的不同看法。但依据管理的基本原理来看，其内涵都具有一定共同之处，只不过是由于将管理的基本原则同方法、技术、手段混为一谈所产生的一些偏颇。因此，有必要对这些主要的图书馆管理概念相互关系加以分析，对其概念中所具有的内涵加以理解把握。具体可以从以下几个方面入手：首先，图书馆管理是管理学的基本原理在图书馆领域的具体表现，如图书馆管理中重视人力的作用是管理学基本原理中人本原理的运用；充分使人力、财力、物质等资源在管理活动的影响下发挥其最大作用是系统原理和效益原理的充分体现；对图书馆管理活动进行计划、组织、指挥、协调和控制是动态原理的适用；其次，图书馆管理中要注意把管理学中的各项人本原理、系统原理、动态原理和效益原理等相关理论有机地结合起来，以尽量避免因为认识上的偏差而使它们在实际运用中人为地割裂开；最后，在实际图书馆管理工作中，要使管理的基本原则同管理的方法、技术、手段等有机地联系起来，在基本原理的指导之下，针对图书馆管理工作中出现的新情况、新问题采取相应的方法、技术和手段。

所以，图书馆管理不过就是图书信在正常运转过程中为了实现图书馆的工作目标、完成图书馆的工作任务而对其系统内的各种资源进行利用的活动。

二、现代图书馆管理的特点

图书馆管理是一种存在于社会中特殊的实践活动，是人类在进行文献信息资源的搜集、整理、储藏、利用过程中形成的一种管理活动。因此，图书信管理除了具有一般社会实践活动的共性特征，如客观性、能动性和社会历史性等特征外，还具有自己的特点。

1. 综合性。管理是以研究企事业单位中人的活动规律，用科学的方法改进管理工作、充分调动人的积极性的一种行为。它主要以人为中心的各种管理行为为对象，发现活动规律，并通过合理的组织和配置人、财、物等因素，提高企事业单位中的工作效率，调动人的积极性最终达到提高生产力的水平的目的。而图书馆服务工作的主体是读者，以读者为中心，维护图书馆服务工作的正常运行和发展进步，图书馆的管理者无非是要解决人与环境、人与人之间各种关系问题。所以说，图书馆管理实质上是围绕管理和服务进行的，是多种综合的结果。

2. 理论性。图书馆管理是一项特殊的管理活动。在管理的实际运行中，可以借鉴多种基础理论的研究成果，如管理学、图书馆学、情报学、经济学、心理学等一系列学科。这些学科的某些优秀成果与图书馆管理相结合并具体运用到管理的实际运行中去，使图书馆的管理以深厚的理论为基础，以便能更好地推动图书馆事业的发展，提高图书馆在人类社会进步中的地位和作用。

3. 科学性。图书馆管理是一项具有科学性的活动，从图书馆产生之初，人类就知道采用一些方法来更方便地查找文献信息。因此，在图书馆管理的过程中，人们发现了很多的方法管理和利用文献信息资源，这些方法逐渐形成了图书馆管理工作的规定，有些甚至上升成标准和法律。因此，图书馆管理是项具有科学性的活动。

4. 组织性。随着图书馆事业的发展，图书馆已经逐渐规模化，图书馆管理活动也复杂起来。管理活动中涉及的各种资源也越来越多，人力、物力、财力、文献信息等因素交织起来影响着图书馆的管理活动运行。对这些资源管理的好坏直接影响着图书馆的正常运行，所以在图书馆管理中要有计划、有目的地进行管理，图书馆管理是一项系统的有组织的管理活动。

5. 动态性。管理活动的本身就是要在不断变化的环境中进行。为了应对不同的读者需求，图书馆管理要变化；为了文献信息的形式改变，管理要变化；为了随时改变的社会环境，管理活动也要变化。所以，图书馆管理是一项要随着服务对象、工作环境和社会环境等因素变动而进行改变的活动。只有跟上时代的变化，随时适应影响图书馆发展的各项因素，图书馆才能符合社会发展的需求，不被时代所遗弃。

6.协调性。图书馆管理涉及图书馆各项业务活动和行政管理活动等方方面面具体的活动。这些具体活动直接影响着图书馆管理能否正确、正常和有序地进行。图书馆管理就是要使这些具有关联性的各种业务活动和行政管理活动中的人际关系、利益关系处于一种和谐、平衡的状态，消除管理活动中的各项不利因素，从而减少内耗、降低摩擦，发挥组织的协同作用，使图书馆有限的人力资源、信息资源发挥出最大的效用。

三、现代图书馆管理环境

图书馆管理环境是指可能对图书馆行为和管理活动产生直接或间接影响的各种因素的总和。根据各种因素对图书馆管理的影响程度不同，可以将环境分为图书馆管理的外部环境和内部环境。图书馆管理就是要了解这些因素变化的情况，及时掌握环境变化的信息，以进行正确的决策。

（一）图书馆管理的外部环境

1.一般环境。是图书馆管理的外部环境之一，又称为宏观环境，是指对图书馆管理活动产生影响，但其影响的相关性不强或间接相关的一些因素。这些因素对图书馆的影响虽然不是直接的，但有可能对图书馆产生某种重大的影响。

（1）政治环境：其稳定是图书馆发展的基础因素，国家对图书馆的重视程度直接决定着国家对图书馆的宏观调控政策、财政对图书馆的支持和图书馆管理的对外交流情况。

（2）经济环境：指的是包括社会经济结构、经济发展水平、经济体制和宏观经济政策等几个方面，它们构成图书馆生存和发展的社会经济状况及国家经济政策。

（3）法律环境：指的是与图书馆相关的社会法制系统及其运行状态。当前，越来越多的国家将图书馆和图书馆管理纳入法制化管理渠道，为图书馆的发展提供了稳定发展的基础和保证，我国目前的图书馆和图书馆管理还没有上升到法律层面，有必要向此方向发展。

（4）科技环境：指图书馆所处的社会环境中的科技要素及与该要素直接相关的各种社会现象的集合，包括社会科技水平、社会科技力量、国家科技体制、国家科技政策等。

科技环境对图书馆的影响巨大，现代图书馆的快速发展与科技发展密切相关，所以关注科技环境有利于图书馆的发展。

（5）社会文化环境：包括一个国家或地区的人口、家族文化教育、传统风俗及人的道德和价值观念等。这些因素影响着图书馆的数量、文献信息资源的收集方向以及图书馆的服务对象等方面。

2.特殊环境。又称微观环境或任务环境。它是指对图书馆的组织目标实现产生直接影响的外部环境因素。与一般环境因素相比，这些因素对图书馆的影响更频繁、更直接。

（1）读者或用户：指利用图书馆文献信息资源的人群，是图书馆服务的对象，是图书馆存在的必要条件，对图书馆的影响起着决定性作用。

（2）文献信息资源的供应者：包括出版社、图书馆经销商、数据库的开发者和经营者、信息设备的开发和生产，当然也包括各种信息、技术和服务等。这些供应者提供的产品或服务的数量、质量和价格直接影响着图书馆的文献信息资源的保藏程度、水平和服务的质量。

（3）图书馆的竞争者和合作者：网络信息服务使图书馆的发展面临着巨大的困难，它的方便、灵活、丰富性影响着传统图书馆的管理。为此，图书馆的管理要向网络信息服务的管理模式借鉴以及调整自身的战略目标。同时，与网络信息服务合作，发展自身特色的网络信息服务平台，促进自身发展。

（4）业务主管部门：多数类型的图书馆都是受一定部门的领导。与这些部门的良好沟通是保证图书馆朝着既定目标前进的基础之一。

以上这些环境因素构成了图书馆管理的外部环境。外部环境的不确定性和复杂性使图书馆在存在和发展过程中要不断密切关注这些因素的变化，建立一定的缓冲机制和弹性机制以适应这些因素的影响，加强自身对外部环境的控制，努力调适图书馆管理以使外部环境对图书馆的负面影响降至最低。

（二）图书馆管理的内部环境

1.图书馆文化。处于一定经济、社会、文化背景下的图书馆在长期的发展过程中逐步生成和发展起来的日趋稳定独特的价值观以及以此为核心而形成的行为规范、道德规则、群体意识、风俗习惯等。一般可分为三个结构层次。①表层文化：物质文化层，包括馆舍饰貌、工作条件、工作设施配备情况等，是图书馆内层文化的物质体现和外在表现。②中层文化：制度文化层，是指对馆员和图书馆自身行为产生规范性、约束性影响的部分，主要包括工作制度、责任制度和其他特殊制度等，是图书馆物质文化和精神文化的中介。③内层文化：精神文化层，包括用以指导图书馆开展读者服务活动的各种行为规范、价值标准、职业道德、精神风貌及馆员意识等。

以上这三个结构层次的文化互相联系、互相依赖、互相影响和互相转化，构成图书馆文化的统一体。对图书馆的管理起到了导向功能、凝聚功能、激励功能、规范功能以及渗透功能。

2.图书馆的基础条件。指图书馆所拥有的各种资源的数量和质量情况，包括人员素质、文献信息资源的储备情况、科研能力等。

这些因素与其他因素一样，影响图书馆的目标的制定与实现，而且还直接影响图书馆管理者的管理行为。

四、图书馆管理的职能

图书馆作为一种提供信息服务的社会机构，对人类社会文明的贡献是巨大的。17世纪德国的G.W.莱布尼茨就将它归结为人类的"百科全书"，甚至称誉它是"人类灵魂的宝库"。从古代的哲人到现代的科学家、文学家、思想学等，凡是在历史上为各个学科领域的发展提供了某种新思想、做出某种创造性贡献的人，其成功无一不是与充分利用图书馆文献信息资源息息相关的。图书馆无论在历史上、现今社会还是未来社会中，都对人类文明的进步和发展起着不可替代作用的组织。而图书馆之所以能获得如此高的评价，图书馆管理工作在其中起了决定性的作用。

图书馆管理的职能指的是管理在图书馆的业务、政务管理和职工生活管理过程中所发挥作用，是管理职能在图书馆的具体执行和体现。

1.决策职能。决策是行动的先导，是最重要的管理职能。一般说来，这项职能是图书馆领导机关的主要功能。当然，为了在图书馆管理的过程中最大限度和最有效地发挥决策职能，还应该实现管理决策的科学化、民主化，还必须建立健全民主决策制度，注重信息的公开化。因为决策不仅仅是方案的一次性选择，实际上行政决策贯穿于图书馆管理过程的始终，管理的其他各项职能都离不开决策活动，整个管理实际上是一系列决策的总汇。可以说，管理就是决策。

2. 计划职能。指图书馆各个部门为了实现既定的行政决策目标，对整体目标进行科学分解和测算并筹划必要的人力、物力，拟定具体实施的步骤、方法以及相应的政策、策略等一系列管理活动。具体包括计划的制订、计划的执行和计划的检查监督等环节。其目的是使图书馆的各项工作能够有计划、有步骤、有方法地进行，以杜绝领导工作的随意性，避免对图书馆管理的消极影响。

3. 组织职能。目标就是具体落实和实现决策和计划，是实现管理目标和管理效能的关键性职能。组织职能具体包括对图书馆各种工作机构的设置、调整和有效运转，各机构职权的合理划分，对全馆工作人员的选拔、调配、培训和考核用资金、固定资产和其他物品的安排和有效利用，对执行活动中的各项具体工作进行的督促、检查和指导等。

4. 协调职能。指对图书馆行政部门、业务部门以及全体工作人员之间的各种工作关系进行调整和改善，使它们按照分工协作的原则互相支持、密切配合，步调一致，共同完成本馆内预定的任务和工作。现代图书馆管理是专业化协作的管理，没有协调要达到共同目标是不可能的。因此，协调是管理运行过程中的一项职能。其具体内容包括协调行政管理机构之间、业务管理机构之间、行政管理和业务管理机构之间、工作人员之间、工作人员与行政管理部门、业务管理部门之间，与本单位之外的政府、企事业和其他组织之间的关系。

5. 控制职能。指管理按照行政计划标准，衡量计划完成情况并纠正计划执行中的偏差，以确保计划目标的实现，图书馆管理的控制职能贯穿于行政管理的各个方面和全过程。做好控制职能一般要注意以下几个方面：第一，确立控制标准，使各项工作有可衡量的指标，以采取正确的纠正措施；第二，对管理行为的偏差进行检查和预测，对图书馆管理工作的实际结果与质量标准监测，获取管理工作的偏差信息，为下一步采取控制措施提供依据；第三，采取相关措施对图书馆管理工作的行为和过程进行调节，即判断管理行为偏差的性质和层次，确定偏差的程度和范围，找出产生的全部原因，制定相应具体的纠正措施;第四,实行有效的监督,即根据目标、计划和控制标准,监察、督导实施过程的正常发展和系统的有序运转。

总之,图书馆管理的职能是图书馆各个机构设置和改革的重要依据,也是管理运行的必需环节,科学地认识、确定管理各方面、各阶段的职能和保持它们之间的有机的联系并适应环境和形势的变化及时地转变职能,对有效地进行图书馆管理具有十分重要的意义。

第三节 图书馆管理的创新

管理创新是指管理者用新思想、新技术、新方法对企业现有资源的重新组合,以促进企业管理系统综合效益不断提高的过程。运用先进的、科学的管理方法创新图书馆的管理可以更好地体现现代图书馆为科研、教学充分服务的功能。图书馆管理创新的方向首先是创新观念、创新图书馆管理战略;其次是创新管理制度以及创新管理文化等。

一、管理创新概论

管理是一个动态的不断创新的过程。只有不断地创新,图书馆才能适应时代的要求,不断发展和进步。20世纪30年代美国的唐纳德科尼将现代管理理论引入了图书馆管理,在相当长的一段时间内促进了图书馆迅速发展。今天,传统的图书馆管理理论已经不能满足图书馆师生日益多元化的信息需求,众多图书馆开始尝试并实行管理各个方面的创新。

创新是当今时代发展的趋势,现代图书馆管理体制也在创新之列,图书馆的决策者和管理人员是图书馆行业的主力军,其作用具有不可交换性,是不可替代的,只有不断地进行管理创新,才能适应经济社会快速发展的需要。

(一)创新的意义

1.创新是时代发展的鲜明特征。创新这一概念的内涵和外延在不断变化并随着时代的发展而不断赋予它新的内容。根据人们的认识和需要,创新目前已形成了多种类型,如有促成物质实物的发明或革新的实物创新与提出解决问题新对策的创新对策,有设计某种新的制度、体制、管理方式方法的制度创新与提出某种理论构想的理论创新,还有提出观察事物的新角度、新认识、新观点的认识创新等。

2. 现代图书馆管理的本质在于创新。知识经济时代的来临将不可避免地从根本上动摇各类组织的管理思想、管理制度和管理方式。图书馆是知识的载体,是信息的阵地。所以,图书馆的管理创新概莫能外,从一定意义上说,这也正是现代图书馆管理的本质所在。

(1)管理创新是图书馆自身发展的原动力:面对科学技术发展日新月异,知识量、信息量剧增和市场剧变的新世纪,谁能感觉敏锐、抓住时机、当机立断,快速做出反应,力争处处先行一步,谁就会在竞争中获得胜利。管理上的创新能使图书馆打破常规,改革管理工作流程,大大提高管理效率;能使图书馆以敏锐的观察力密切关注未来变化的新趋势、新动向、新问题,从而能以超前的意识果敢决策,适应未来发展的要求。

(2)管理创新是迎接知识经济挑战的外在需要:以往图书馆的管理制度和管理模式的设计通常以规范人的行为、使人不犯错误为出发点,有着过多的管制和约束,这种过细过严的规则通常会窒息那些最初很难识别的新生事物的嫩芽,致使图书馆管理僵化,抑制了首创精神。国内外管理理论研究表明,决定社会发展竞争优势的是人才和科学技术,而决定人才、科学技术发展的主要因素是创新,所以强调创新已成为现代管理的时代趋势。

(3)管理创新是深化图书馆改革的内在需求:新世纪是一个孕育着巨大变革的时代,原有的一套管理模式已不能适应新世纪图书馆的运行发展,图书馆要继续生存与发展,就必须对传统的管理理念和管理方法进行改革,通过改革创新建立起一套崭新的管理运行机制以适应其发展的趋势。

3. 领导者是图书馆管理创新的主体。管理创新总是不断以新的观念、新的措施和新的方法使管理系统总体功能不断优化,在保持一种最佳效果的状态同时也创造条件引导系统环境,向有利于管理创新的方向发展。从我国图书馆目前的状况来看,管理创新的关键是观念的转变,就是要将管理的重点放在对人的能力的开发、积极性的调动、创造性的激发上，在管理机制上要使人们总能得到一个正确的、奋发向上的信号。

（1）创新意识是领导者创新的基本素质与先决条件：创新意识是人脑在不断运动变化着的客观事物刺激下自觉产生的改变客观事物现状的愿望和理念。领导者即领先、引导、组织、协调者。创新意识之所以成为其重要的根本素质，是在新世纪知识经济和信息社会里，科学技术快速突破的背景下，由经济和社会发展的要求与领导者的根本职能和职责决定的。这一背景要求图书馆领导者必须具有高度的适应性，不仅要适应变化的对象和内容，而且要适应变化的力度和节奏，要善于敏锐地发现变化的动向，善于果断地捕捉变化的契机，善于促进本馆工作的变革与更新。这也正是图书馆领导者与一般员工的根本区别之所在。

（2）学习是领导者创新的内在动力与关键环节：图书馆领导者必须要有深厚的文化基础与渊博的知识，这不仅是当前形势发展的需要，也是领导工作的客观要求。作为创新主体的领导者，其综合素质的高低不仅直接影响到自己个人形象、创造力的发挥，也直接关系到单位事业的兴衰成败。因此，领导者不仅要大力提高自己的思想政治素质，还应该提高创新思维和理论思维能力，同时还要大力提高自己的科学文化素质，要潜下心来致力于构建符合创新要求的科学合理的知识结构，要伴随着大胆地实践和探索，使理论与实践，知与行相统一。

（3）良好的环境是领导者创新的外在动力与根本保证：设计和维护一种环境可以使身处其间的人们在集体内一起工作，以完成预定的使命和目标。因此，一个健全的创新环境成为管理创新能否有效、健康开展的根本保证。如同阳光、空气和水分之于植物生长一样，管理创新也需要有适宜的环境和营养，需要有激发人们突破陈规陋习、大胆创新的原动力。适当的政策扶持、激励、引导和保护是管理创新的催化剂，具有不可替代的效果。同时，还必须在馆内外营造一种健康有序、宽松和谐、鼓励创新、支持探索、"百花齐放，百家争鸣"的文化氛围。

（4）创新机制是培养领导者创新的催化剂：图书馆创新要有人才。这就需要图书馆本着珍惜人才、人才为本的原则，选好、培养好、用好杰出青年人才的成长，在物质待遇和精神待遇上向创新人才倾斜，使他们真正感受到自身价值的实现、地位的崇高和责任的重大。

（二）创新的方式

管理是对组织资源进行有效整合以达成组织既定目标与责任的动态创造性活动。而管理创新则是指一种新的更加有效的资源整合范式，这种范式既可以是新的有效整合资源以达到组织目标和责任的全过程式管理，也可以是新的具体资源整合目标制定等方面的细节管理。综合上述两个方面来考察管理创新，可以得出这样一种看法：管理创新是在创造和掌握新的科学管理知识基础上，主动适应外部环境，提高组织各要素，在质量上发生新的变化和新的组合的过程。

1. 创设一种新的适合高校图书馆事业发展的新思路及与其相配套的组织机构。这种新的发展思路应该对整个行业而言都具有普遍的指导意义，而组织机构是高校图书馆管理活动及其他活动有序化的支撑体系，因此，这种新的组织机构要能够有效运转。

2. 提出一种或一套新的管理方式方法。这是一个组织新的文化氛围和精神风貌的开始。形成新的方式方法对高校图书馆来说能提高服务效率，或使人际关系更加协调，或能更好地激励工作人员等，这些都将有助于高校图书馆各种资源的有效整合，以达到既定的目标。

3. 设计一种新的管理机制。新的管理机制则是指在高校图书馆各类资源最佳的配置的基础上使高校图书馆的各种活动能规范、优质、高效地完成。这样一种管理机制对高校图书馆的管理而言是新的，自然是一种创新。

4. 进行一项制度创新。管理制度是高校图书馆资源整合行为的规范，既是高校图书馆行为规范，也是工作人员行为规范。制度变革会给高校图书馆及其工作人员的行为带来变化，进而有助于资源的有效整合，使高校图书馆事业的发展更上一层楼。因此，制度创新也是管理创新之一。

二、图书馆管理理念的创新

（一）管理理念创新的重要性

管理观念、理念的创新是一切管理创新活动的前提。人类社会结构的变迁、人与人之间关系文明形式的改善、无穷无尽的物质财富和精神财富的不断涌现等都应该首先从人的观念、理念创新中去寻找根源,特别是管理者的创新理念更显得尤为重要。思想指挥着人们的行为,图书馆要生存、发展、创新,首先就必须更新思想观念,这样才能适应知识创新和未来图书馆事业发展的需要。

图书馆管理的观念首先要改变。面对飞速发展的时代,一个优秀的图书馆管理者必须树立创新意识,不因循守旧,要勇于冲破旧的传统,根据图书馆自身发展的客观规律和知识经济时代对图书馆的需求制定正确的发展策略和管理模式;对于不适应的管理机制,必须勇于改革、善于改革,必须不断地学习,不断地改进。持续改革的过程会带来真正的创新,让图书馆产生一个质的飞跃。

(二)管理理念创新的原则

管理理念的创新就是要更新陈旧过时的管理理念,用新的管理观念替代传统,要实现管理理念的创新需要注意几个原则。

1. 系统原则。即把整个图书馆的工作看成是相互关联的、相互补充的有机整体。管理实际上是一个实现目标的过程,系统原则就是要围绕这个既定目标,合理地配置图书馆系统的人、财、物,使图书馆系统健康、协调地运行,发挥其最大效能,以达到预期目标。

2. 发展的原则。即管理理念应随时代的发展而发展变化,与时俱进地适应外部环境的要求。随着社会的进步,图书馆要转变传统的封闭的观念,树立在时间、空间、服务内容以及服务方式上的全方位的开放观念。传统经验管理的思想与传统管理时代相适应并起了一定积极的作用。然而,知识经济时代靠经验管理是不能充分发挥管理的效用的,甚至可以说,那种传统的管理思想是现代图书馆发展的桎梏。因而,管理思想要随外界环境的变化而变化,要不断深入研究新形势、总结新经验,从而获得与外界环境相适应的新的管理思想。

3. 信息性原则。即不断吸收新情况、新内容,丰富思想内涵。要重视新信息,不断掌握新信息并吸收它为己所用。要摒弃传统的闭关自守的思想,积极与外界沟通,逐步将图书馆融入社会生活中。

4. 效益性原则。即注重社会效益和经济效益的有机结合。管理思想创新的最终目的就是要提高管理效率,获得两个效益的统一。

5. 竞争性原则。竞争是市场经济的产物。在社会主义市场经济体制下，竞争体现在社会的方方面面，"优胜劣汰"对于图书馆而言同样适用。在管理中，如果没有竞争意识，就难以在市场经济体制的环境下生存和发展。

（三）管理理念创新的内容

1. 图书馆能否适应 21 世纪发展的需要关键仍在于是否进行管理理念的创新，所以必须从观念到结构做出全方位的调整，资源共享、共建应成为图书馆管理的重要理念。

（1）管理理念必须实现两个转变。①即从一般化建设向特色化建设转变。网络时代的图书馆，要站在一个宏观的角度来考虑资源建设问题，把资源建设建立在合作和共建的基础之上，各个图书馆在整体分工的基础上应加强自己资源的特色化建设，这样做一方面可以解决长期以来困扰着图书馆的经费短缺问题；另一方面可以实现真正意义上的共享。②从"重拥有"向"重存取"转变。拥有是存取的前提和基础，没有拥有，也就无所谓存取。但在网络时代，在注重资源特色化建设的同时，更应突出图书馆的存取功能。因为，图书馆事业的本质即存取，也就是说，是使信息和知识为用户所利用。对用户来说，他不在乎信息是怎样获得的，是从哪里获得的。在 21 世纪，大多数图书馆资料将根据需要以电子形式或印刷形式来传输，一个图书馆的馆藏将由存取能力而不是拥有量来界定。

（2）以人为中心的管理是当代管理的新概念。

"能本管理"是一种以能力为本的管理，是人本管理发展的新阶段。它是通过有效的方法，最大限度地发挥人的能力，从而实现能力价值的最大化，把能力这种最重要的人力资源作为组织发展的推动力量并实现组织发展的目标以及组织创新。把这一理论运用到图书馆，开辟图书馆人力资源管理的新思路。

2. 在图书馆发展的途径上创新。走内部合作、外部联盟的可持续发展之路。目前，图书馆面临两个方面的挑战。一是网络的迅速普及和发展已经使电子图书馆虚拟图书馆应运而生，并向传统图书馆提出了严峻的挑战；二是在 21 世纪，信息技术将以更快的速度向前发展，信息服务业也将成为最热门的职业之一。越来越多的机构人员将进入这一领域。因此，作为信息服务业一个组成部分的图书馆，在 21 世纪将处于一个更加充满竞争和压力的环境之中。我们认为，尽管传统图书馆在最近与其他信息服务机构并存的前景不容置疑；但是，我们也应看到，当图书馆的大部分职能与功能被其他信息服务业所取代，而现有的图书馆的职能与功能又没什么新的发现的时候，就是它被读者遗忘的时候。这种情景就犹如中国封建藏书楼被公共图书馆所替代一样。因此，面对网络环境给我们带来的挑战与机遇，我们必须转变观念，树立竞争与协作的思路，克服传统图书馆各自独立、各自封闭的办馆模式，把图书馆事业作为一个整体对待，全面规划、统筹安排，打破馆际原有的界限，在办馆模式上由独自办馆向馆际合作、网络一体化方向转化，把已分化的各种图书馆类型在新的层次上加以综合和整体化，实现跨部门、跨地区的协作。与此同时，图书馆界还应与其他竞争对手不断加强联系、合作，走内部合作、外部联盟的共同发展之路。

3.市场营销理念的引入。市场营销是与市场经济相对应的概念，随着理论的发展，在20世纪80年代中期以后，市场营销领域对营销的定义进行了新的拓展，市场营销不仅仅限于企业的活动，而且可以扩展到非营利性事业组织与公共机构等。在当今的信息时代，图书馆的无形的劳务（服务）作为产品的三种形态之一，如何更好地使一切业务活动均以消费者（读者）为中心并将营销观念贯彻到所有的图书馆活动之中。也就是说，图书馆工作必须改变传统的管理理念，将目光放长远，避免简单的读者需要什么就提供什么，在实施的过程中注意以下几点。

（1）营销管理的前提是战略管理："就营销谈营销"已经无法解决问题，可能还会带来新的问题。整个组织必须加强战略管理。

（2）没有战略管理的组织根本无法实施良好的营销管理，因此营销要重视战略。

（3）重塑形象是图书馆营销的首要任务：要改变传统的认为营销仅仅是用于图书馆一些"创收性"的业务领域的观念。对图书馆来说，营销战略的首要任务是帮助图书馆提高服务水平和质量，从而提升图书馆产品的社会效益。

三、图书馆战略的创新

近年来，越来越多的图书馆开始重视战略的制定和规划。所谓战略，就是指对一个机构的未来方向制定决策并实施这些决策。它规定机构的使命，制定指导机构设定的目标和实施战略的方针，建立实现机构使命的长期目标和短期目标，然后根据确定的目标决定行动的方向。而图书馆战略管理主要是为了适应外部环境的变化，使之能长期、稳定地健康发展，实现既定的战略目标而展开的一系列事关图书馆全局的战略性谋划与活动。

（一）重视高科技发展战略

在工业化阶段，图书馆主要靠传统的服务来满足读者的要求。图书馆的馆藏成为衡量图书馆水平的一个很重要的指标，从而形成了图书馆重藏轻用、重书轻人的观念。在知识经济时代，图书馆属于信息机构。在信息行业，图书馆面临着各种信息服务企业和机构越来越激烈的竞争。信息技术革命和以计算机、通信网络技术为核心的一系列高新技术的应用，使得人们获取信息知识的渠道和手段都有了极大的发展，出现了更多的机构、组织、信息咨询公司可以满足读者的信息需求，对图书馆形成了强烈的威胁，减少了读者对传统图书馆的依赖。而互联网等网络通过给人们提供获取信息的直接途径，也对图书馆员所扮演的传统角色提出了挑战。同时上述环境的变化又会带来诸多的发展机会。战略管理强调审时度势、统揽全局、长远谋划，积极主动地迎接未来的挑战。图书馆应该将高科技发展作为战略制定和规划的重要因素。

（二）战略逻辑创新

所谓战略逻辑，指在设计战略时用什么样的逻辑思维来进行思考。图书馆能时刻跟着外界及内部环境变化，满足不同读者要求的主要原因之一就是图书馆的管理者具有一种创新的战略逻辑思维。他们能够根据图书馆的外部环境和图书馆自己发展特点用不同的逻辑来设计战略。管理者要善于辨识企业目前的战略逻辑，敢于向其挑战，能够静下心来仔细考虑战略制定前对行业做出的假设以及企业的战略焦点。在制定战略时，要问行业中哪些要素应予以消除，哪些要素在低于行业标准时反而更有价值，哪些要素是行业从未提供过而目前需要增加。通过自问这些问题，管理者可以发现现行战略逻辑的不足或错误之处，同时改善以实现创新。战略创新所追求的是时刻保持新的思维方式，在新的思维方式下设计崭新的战略，使图书馆能迅速适应环境的变化，时刻以最好的服务向读者提供高效的产品从而满足他们的需求。

（三）战略创新的原则

1. 先进性原则。图书馆属于服务性行业，面对行业内竞争，一家图书馆在满足用户信息需求方面只有达到了社会平均水平才能生存，只有超过平均水平才能发展。也就是说，门槛是平均水平，而不是自身原有的水平。图书馆实施战略管理后，即使他在满足用户服务要求的水平方面比过去有了长足的进步，但只要没有达到平均水平，它同样将面临被淘汰的危险。同时由于竞争，平均水平也是不断发展的。所以图书馆战略管理所追求的目标必须包含比平均水平更加先进的内容。

2. 环境适应的原则。成功的图书馆战略管理重视的是图书馆与其所处外部环境的互动关系，目的是使图书馆能够适应、利用甚至影响环境的变化，图书馆应随时监视和扫描内外部环境的震荡变化，找出内部环境中的优势和劣势以及外部环境中的机会和威胁，厘清它们之间的关系并据此提出战略计划。

3. 全过程管理原则。图书馆战略管理要取得成功，必须将战略的制定、实施、检察、提高（即管理学通常所说的 PDCA）看成一个完整的过程来加以管理。忽视其中任何一个阶段都不可能获得有效的战略管理。具体而言，再好的战略计划如果无法实施或不实施，那就是没有意义的。战略管理需要实践来检验，如果没有实事求是的检查和评价，就不可能发现战略管理中的问题，错误的战略管理不仅不能解决生存和发展的问题，而且是非常有害的。仅仅发现问题或只有批评意见也是解决不了问题的，还必须提出新的有效的对策。总之，只有实施全过程，管理才能取得螺旋式上升的预期效果。

4. 整体优化的原则。成功的图书馆战略管理是将图书馆视为一个不可分割的整体来加以管理，目的是提高图书馆的整体优化程度。它通过制定图书馆的宗旨、目标、重点和策略来协调各部门、各单位的活动，使之形成合力。应特别注意的是，这种优化应该是积极的和能动的。面对图书馆某一关键部门的落后，不应简单地要求其他部门按照它的低水平进行调整，应积极寻求资源的结构重组，以期实现更高水平上的整体优化。

5. 全员参与原则。图书馆战略管理不仅要求图书馆高层管理者的决策，也需要全体馆员的参与和支持。更确切地说，图书馆战略制定过程的分析、决策主要是高层管理者的工作和责任，而这种分析和决策又离不开中下层管理者的信息输入和基层馆员的合理建议。一旦图书馆战略目标确定，战略的实施就在相当大程度上取决于全体馆员的理解、支持和全心全意地投入。

6.反馈修正原则。图书馆实施战略管理的目的是寻求稳定和健康的发展，战略规划的时间跨度一般在五年以上。总体战略规划的实施通常又包括一系列中短期行动计划，它们使图书馆战略在行动上具体化和可操作化。然而其实施过程又不可能是一帆风顺的，环境的风吹草动往往会影响图书馆的战略部署。所以只有不断地跟踪反馈才能确保图书馆战略的适应性。从某种意义上说，对现行图书馆战略管理的评价控制又是新一轮图书馆战略管理的开始。

四、图书馆管理组织机制的创新

管理机制创新是在自动化目标的控制下对图书馆管理工作与业务流程进行再设计和重建的过程。机制创新的核心内容就是以自动化作业为中心，打破传统的分工理论和方法，正确地运用信息技术，建立图书馆在自动化环境下新的管理机制，以迅速适应不断变化的信息环境。机制创新的中心思想是"流程观"和"重新设计观"。图书馆在自动化环境下的管理机制和在传统手工作业环境下的管理机制是不同的，手工作业最大的特征是以物化的文献作为处理对象，手工作业形成的业务模式并不完全适用于自动化发展的需要。因而图书馆必须构建新的运行方式才能使自动化在信息开发与信息服务中充分发挥作用，这就需要在自动化环境下进行图书馆管理机制的创新。

（一）图书馆管理机制的创新

图书馆管理机制包括内部和外部两种形式。网络环境下图书馆管理机制创新就是实行外部机制重组和内部机制重组。

1.图书馆外部机制重组。建立外向型信息管理机制，确立图书馆在竞争信息环境中的领导地位，在自动化网络环境下，图书馆必须从物质流的管理向信息流的管理发展改变，面向内部资源管理为面向外部信息管理扩大职能范围，从而占据信息环境的领导地位。可以采取以下四种措施。①以自动化为主导，研究并参与制定信息政策，组织、激励支持和协调各类社会信息活动，使图书馆成为社会各类信息活动的支撑点。积极参与改造，建设信息技术和设施，不断完善信息保证体系并成为中间力量。利用信息技术主动开拓信息市场，不断增大图书馆在信息市场的占有份额，扩大图书馆在网上的信息容量。②研究和培养信息用户，发挥自动化信息服务优势，不断扩大信息用户类型和数量，使图书馆始终处在信息用户的核心位置。③面向网络建立信息流集中管理、物质流分散负责的机制，针对网上信息的开发和获取的共用性和无限性的这一特点对信息流宜采取集中管理、共建共享的方式。图书馆之间建立协议，共同遵守。④与信息技术革新部门合作建立自动化技术不断进步的互动机制。在现代化技术应用中，图书馆必须打破"馆"的传统思维定式，与社会相关领域建立良好的合作关系，求得发展，这是图书馆自动化发展规律之一。例如在计算机设备与软件开发方面可与计算机制造商及软件部门等建立合作关系，使计算机设备和软件系统能跟上计算机发展水平；在信息网络方面，可与电信、网络中心及信息技术部门建立合作关系，从而加速图书馆自动化网络建设；在文献数字化方面，可与数据库产业部门建立合作关系，以促进数字图书馆的发以及信息产品的生产等。在合作的基础上，一些领域如文献数据库建设、网上信息开发以及信息产品的生产等，可与合作部门试行股份制，加强图书馆自动化在信息产业中的地位与作用，使图书馆与社会建立起自动化技术不断进步、不断创新的互动机制。

2.图书馆内部机制重组。在自动化网络环境下，图书馆应把面向用户解决实际问题放在图书馆工作的前沿和中心位置，突破图书馆传统的线型业务流程和以资源结构划分的封闭组织体系，具体措施是建立以自动化为中心，融合固定部门、跨部门灵活的组织机构，以对用户需求做出快速反应并能为用户解决实际问题，建立面向用户快速反应的管理机制。

图书馆应从利用自有文献为用户提供服务转变为利用各种自动化技术、手段与广泛的信息资源为用户提供服务。图书馆应从让读者走进图书馆转变为让馆员走出图书馆、走进用户、走进各种信息设施和各种信息系统，在现场为用户服务充分利用自动化技术和馆际合作提高文献采访、组织与加工效率，使馆员投入更多的智能和精力到更具挑战性、吸引力的信息服务工作中。以自动化为中心重组新的业务模式，根据用户需求制定信息服务内容和范围的管理机制，线型业务流程被打破，取而代之的是能够完成多种业务的、独立的、自成体系的计算机网络系统和控制机构。这些机构具有同等的业务能力,我国图书馆文献馆藏丰富但利用不足,业务重组以开发利用资源为突破口,提高信息组织与利用的能力。根据用户需求对多元化的信息资源进行合理组配和深层次加工,开展各具特色的业务工作,组成有序的和有针对性的情报信息服务体系。

以市场经济为导向建立新的业务模式,市场经济为导向的信息服务模式以主动性、多样性、开放性和动态性为特征,提供全方位、高质量的信息服务,树立全新的市场观念、遵循市场规律,把信息市场与经济效益相结合,建立新的业务模式,做好科研与市场之间的中介与桥梁,加速科技成果的转化,促使产、学、研接轨,实现效益。

(二)图书馆组织机制创新

1. 创建扁平化组织结构。组织创新是图书馆创新体系的重要组成部分。传统的图书馆的金字塔形层次结构是机械的、刚性的、永久性的结构,这种结构不能适应多变的技术和管理的要求,网络信息环境下的图书馆组织表现为动态的联盟。因而,图书馆组织行为能体现图书馆活力,有效地解决分权与集权的矛盾,组织结构向扁平化、虚拟化、网络化方向演变。

图书馆进行结构重组要按照一定的步骤进行。首先需要根据现阶段图书馆的功能确定分工的程度,然后进行分工;其次要重新划分部门,合并一些功能相近的、联系密切的部门,根据新增的业务在增设新的部门;接着要解决权限关系及其授权程度;还要设计人员之间合适的沟通渠道和协商渠道;最后根据图书馆信息沟通、技术特点、经营战略、管理体制、组织规模和环境变化来选择合适的组织结构。

信息技术和计算机网络开展使得知识在管理者及劳动者之间共享,组织等级结构已不再受到管理幅度的限制,纵横交错的渠道造就了一种崭新的组织结构——扁平化的组织结构,即矩阵式组织结构。图书馆可根据不同文献的载体的采访、编目、典藏、流通和阅览工作应有不同部门来完成的特点,在横向上整合业务和职能部门;同时根据部门之间的合作的必要性,在纵向上根据工作任务设置不同的项目组。以项目的形式展开信息服务。这样纵横两个系列结合而成矩阵式组织结构。

2. 实施图书馆组织联盟。由于经费的限制,一所图书馆不可能收藏所有的有形和无形文献资源。为了更加合理地使用现有资源,提倡形成高校间的组织联盟。现有很多地区的已经在实践当中。组织联盟的目的在于将各组织的优势综合起来，以便能及时把握时机，降低成本、减小风险，优化图书馆组织的整个价值链，从而对外部环境的变化做出敏捷的反应、果断的决策和及时的行动。例如，在采购工作中，组织联盟可以统一规划，根据各个学科重点进行合理的采购的安排，对于传统型文献的购买可以通过统一的规划，形成规模效应或者避免重复购买。而对于数字资源的采购，则可运用网络技术，形成组织联盟的局域网，从而达到数字资源、数据库资源的共享，极大地节省成本。

第四章　图书馆信息管理及服务的创新

第一节　信息服务的创新理论

一、信息服务创新的动力

(一)用户信息需求的多样化发展是信息服务创新的内在驱动力

如今，知识在不断更新，文献的增长和老化速度也在加快。建立在印刷型文献之上的传统信息服务，已不能满足新形势下用户的信息需求。尤其是在网络环境下，用户的信息需求有了新的特点，具体表现为：

1. 信息需求的开放化和社会化

随着知识经济的发展，用户的信息需求满足不再单纯地依赖某一个图书馆，而是可向多个信息服务机构提出信息需求，由多个信息服务机构协同来满足，同时也可实现文献信息资源的共享。

2. 信息需求的全方位化和综合化

用户对文献信息的需求不再局限于书目信息，而是迫切需要内容全面、类型完整、形式多样、来源广泛的知识信息，这就要求现代图书馆能够提供全方位的知识保障，开展综合性的信息服务业务。

3. 信息需求的电子化和网络化

随着信息技术的发展，用户的信息获取和利用能力也得到了提高，不再满足于传统的手工操作服务，而是希望所提供的服务能够利用计算机和网络来得以完成。

4. 信息需求的个性化和精品化

由于用户时间、精力和经费有限,所以希望图书馆提供的信息服务能直接解决其面临的问题,个性化和精品意识增强。

5. 信息需求的层次化和微观化

面对众多的信息资源,用户需要的只是自己感兴趣的那一小部分信息,逐步趋向微观化。同时,因为需要的不同,又有不同层次的需求。

6. 信息需求的集成化和高效化

信息用户不再满足于一般性的基础服务,而是更加要求对文献信息的深层次开发,将各个信息单元集中起来加以利用,同时,对信息的时效性也提出更高的要求。

总之,知识经济环境下,用户的信息需求无论是在广度上,还是在深度上都发生了量和质的变化。这种变化无疑给以"用户为中心"的现代图书馆以内在的驱动,要求传统的文献信息服务模式必须实现革命性的创新与转型,改变以往的服务观念和模式,从"以馆藏为中心""以馆员为中心"向真正"以用户为中心"的服务模式转移,创新服务内容,变革服务手段,提高信息获取、处理能力,及时将信息传递给用户,以适应用户不断变化的信息需求。

(二)激烈的信息服务市场竞争是信息服务创新的外在驱动力

在以印刷型文献为主要信息载体的时代,图书馆以其丰富的馆藏和较熟练的文献服务技能两大优势,在社会信息服务体系中占据主导地位。但是,在知识经济时代,信息服务日益社会化、网络化、个性化,在社会信息服务的大系统中,图书馆的主导地位日益削弱,甚至其生存也面临着严峻挑战,因此,信息服务环境的变化迫使图书馆必须改革和创新。虽然改革开放后,图书馆也逐步走向社会,面向市场,参与信息服务市场的竞争,但随着社会信息化程度的加深,信息存取和利用更加自由,商业界大量介入以往只能由图书馆和信息中心提供的信息服务,越来越多的个人和企业涉足信息服务业,它们以更具特色的服务吸引着广大用户,与图书情报机构激烈地争夺着用户,使得图书馆成为信息服务市场中众多竞争中的一员。在激烈的信息服务市场中,面对用户的不断变新的信息需求,图书馆的现有信息服务逐渐失去了其争夺用户、开发市场和持续发展的能力,这就要求图书馆对信息服务系统进行重新定位,深入研究用户的真正需求,以用户为中心开展服务,形成新的服务体系。

在信息服务市场中，市场的竞争也就是服务的竞争，谁发现了需求，谁有了服务创意和产品创新，谁就会获得用户，谁就会拥有信息市场。因此，作为拥有多方优势的图书馆就要以用户的需求为导向，以服务创新来维系市场，从以管理资源为主转为经营服务为主，创新服务观念、服务模式和管理体系，通过不断地开发和创新服务来适应市场竞争的需要。在激烈的信息服务市场中，除了同其他信息服务机构进行竞争外，图书馆之间也有竞争，这就要看谁能够不断地推陈出新，谁能够提供更具特色的个性化信息服务，谁就会在竞争中立于不败之地。所以，图书馆信息服务的创新是缓解外在压力的途径，也是激烈竞争市场的需要，唯有不断地创新服务产品，才能固守原有用户，发展潜在用户，在信息服务市场中树立服务品牌形象。

（三）图书馆的可持续发展是信息服务创新的根本动力

在以信息产业为主导的知识经济时代，知识将取代权利和资本，成为最重要的社会经济资源。而作为拥有丰富知识信息资源的图书馆部门，知识经济的发展无疑是给其带来了新的发展动力、新的机遇和新的发展前景，但同时也带来了新的挑战。随着"知识经济"浪潮的掀起，经济建设要求图书馆利用知识资源为经济建设服务，把知识形态的科学技术和经营管理技术推广到经济建设中去，转化为经济建设的动力。新时期的图书馆事业要想在新的经济环境中保持可持续发展，就必须要适应环境的变化，不断地改革和创新信息服务，以取得更大的社会效益，同时也从中获得较高的经济效益，以保证图书馆事业的不断发展。

社会的信息化和信息服务的社会化，对图书馆的生存和发展提出了严峻挑战，主要表现为新增的信息服务行业和机构不断增多，图书馆原有的读者逐步流失，僵化的、浅层的文献服务与社会需求严重脱节，削弱着图书馆地位。在信息化、网络化的知识经济时代，人们不再满足于简单的、低级的文献信息需求，而是向高层次的深层知识信息需求转变，表现为对新知识的更加渴望。因此，要求图书馆不应仅是一个单纯的收藏、整理文献和利用文献的相对封闭的系统，而应当是一个以传递信息为主的全面开放的系统。新服务系统对信息服务手段、信息服务内容、信息获取的时效性，以及信息服务人员的素质等都提出了更新的要求。这就要求对图书馆服务进行不断的变革和创新，由以前的相对被动向现代主动进取服务转化，从单一的服务向多样化的服务转化,从馆内服务向远程服务转化,从低层次的服务向高层次的知识服务转化。

二、信息服务创新的原则

(一)客观性原则

用户接受服务,利用信息资源是用来指导客观实践活动的,它要求图书馆提供的信息要保持"原创性",所以,信息服务的创新要立足信息的本意,保持提供的深层加工信息与原信息在本质上一致,坚持实事求是的客观性创新原则。客观性原则能充分体现信息服务的"客观性",它要求图书馆提供服务的产品信息所包含的内容要与加上、整合前的原本信息的内容在本质上相吻合,趋于一致,也就是信息服务中提供给用户的信息及信息产品必须反映客观事物的本质属性。尽可能客观、全面地揭示信息资源的各个知识点和有价值的知识单元,客观地反映信息资源的原貌,不做人为的添加或拔高,提供所谓的"新"服务,避免原本信息在内容上走样。只有这样,才能形成高质量的二、三次信息产品,才能真正满足用户的信息需求。

(二)持续性原则

信息服务的创新是一个系统工程,是整个社会创新系统中的子系统,不是一蹴而就即可完成的,它需要漫长的过程,因此要坚持持续性原则。知识经济的不断发展,社会信息资源环境的不断变化,信息技术的不断完善,用户信息需求的不断增长,图书馆事业发展的需要等多方面原因促使图书馆信息服务也要跟上时代步伐,不断推陈出新。持续性原则还表现为信息服务的创新要将过去、现在和未来相结合,将局部和全局相结合,将当前和长远相结合。只有持续性地创新各项服务内容和模式,才能赢得用户的信任,才能赢得良好的社会效益,才能在激烈的服务市场中站稳脚跟。

(三)协调性原则

创新是系统内各个相关因素相互作用的结果,它包括观念创新、服务创新、技术创新、人员素质创新和管理体制创新等。各个要素是相辅相成的,共同发展的,因此,要坚持协调性原则。现代图书馆的信息服务与传统图书馆的信息服务在信息资源形式、信息服务形式和服务对象等几个方面都发生了根本性的变化,比原来服务环境更加复杂，系统内的任何一个创新要素都是不可缺少的。所以，要全面性地考虑各个方面，不能顾此失彼，要充分协调好各个环节和要素的关系，发挥系统功能的优势。协调性原则还体现为积极发展网络信息服务时，要兼顾传统信息服务的拓展，使二者协同发展。

（四）适用性原则

创新的目的是为用户提供更贴切，更满意的服务，是以用户的需求为出发点的，因此，新型的服务必须符合用户的要求，适合用户解决问题，讲究适用性。倘若新型服务与用户问题的解决关系不大，那么其类型再多，内容再新颖，也毫无意义和价值。所以，应根据用户的知识结构、认识规律、思维能力、使用习惯等来创新服务，一切围绕解决用户的实际问题来开展，只有这样，新的服务内容才能赢得用户，才能赢得市场。

（五）特色性原则

特色化的个性信息服务是图书馆信息服务的发展重点和趋向。在庞大的信息资源中，用户的信息需求更加趋向微观化和个性化，因此，信息服务的创新要有针对性和特色，针对个性化的信息用户，创新出有特色的信息服务。没有特色就难以生存和发展，特色也就意味着在创新过程中要有所选择。它要求在信息内容的加工和处理上，要尽可能地贴近和适应个性化用户的知识结构、智力储备和利用信息的环境，针对用户要解决的问题，提供准确答案。特色性原则还体现在提供与其他信息服务机构有区别的信息服务，独树一帜，利用特色信息服务来吸引更多的潜在用户，树立品牌服务形象。

（六）效益性原则

图书馆信息服务的效益体现为广泛的社会效益和一定的经济效益。图书馆服务是一项公益性事业，因此以社会效益为主，并通过自身服务能力来体现。创新就是要提高其信息服务能力，提高社会效益，但由于技术的改善，数字化资源的购进，参考咨询服务系统的建立、网络资源的维护和更新等都需要一定的经费来维持。而目前大多数图书馆还是靠上级拨款，资金十分有限，所以在服务创新过程中要考虑成本问题，力争低成本高收益。在成本和效益之间寻找新的平衡点，使新的信息服务不仅适用，而更实用。

信息服务创新是一个综合化概念，贯穿于信息服务的整个过程，包括服务观念的革新、信息资源的建设和开发、信息产品的研制和加工、信息服务方法的运用、用户需求的挖掘和满足等各个方面。信息服务的创新就是要用全新的服务理念指导创新型的服务工作，为用户提供创新型的信息产品。由此可以看出，创新既是社会发展、人类知识创造的本质体现，也是维系图书馆信息服务"生命之树常青"的机制保障。

三、现代图书馆信息服务创新的理论基础

（一）信息服务创新的理论基础——新老五定律

1931年印度的图书馆学家希拉瓯冈纳赞（S.R.Ranganathan）提出了图书馆学五定律，其主要内容是：书是为了用、每个读者都有其书、每本书都有读者、节省读者的时间、图书馆是一个生长着的有机体。60多年后，美国著名的图书馆学专家克劳福特（Wakt Crawford）和戈曼（Michael Gorman）在其合著的《未来的图书馆：梦想，狂热与现实》一书中，在阮氏五定律的基础上，又提出了图书馆事业的五条新法则，我们称之为"新五律"，其主要内容是：图书馆服务于人类文化素质，重视各种知识的传播方式，明智地采用科学技术提高服务质量，确保知识的自由存取，尊重过去、开创未来。新老五定律都指明了图书馆存在的价值在于为社会所提供的信息服务，在于以最快的速度，为最多的用户找到最多的信息。两者都为我们指明了图书馆服务的根本方向，将"用户第一，服务至上"的服务精神和服务理念作为图书馆人不懈的精神追求。

从老五律到新五律的提出有60多年的间隔，在此期间，图书馆工作的技术条件、面临的外部环境以及内部机制都经历了前所未有的变化，但从新老五律可看出，无论图书馆如何发展，发展形态如何改变，唯一不变的是图书馆的服务宗旨。当然，面对当今信息化、数字化和网络化快速发展的服务环境，要求图书馆服务要从服务模式、服务对象、服务内容、服务重点、服务手段等多方面进行变革和创新，而这些在新老五律中的前四律都不同程度地进行了阐释和指明，对如何创新服务都有良好的现实指导意义。从某种程度上说，新五律是老五律的继承和发展，印证和补充，同时两者也都是图书馆信息服务创新的理论基础，它们指明了图书馆信息服务创新的方式方法，阐明了图书馆服务的目标。新老五律中的第五律，"图书馆是一个发展着的有机体"，

"尊重过去,开创未来",说明图书馆是不断发展的,通过不断地创新进行自我演进,同时在创新中公正地、理智地将过去与未来相融合,尤其是在目前的图书馆转型期,不仅要调整和变革图书馆服务的功能和意义,还要以传统服务为基础,并继承和发展之。只有这样,才能"尊重过去",才能更好地"开创未来",才能赋予图书馆新的生命力,使图书馆真正成为一个不断发展的有机体。

(二)新老五定律对信息服务创新的现实指导

1. "重视各种知识传播方式""明智地采用科学技术提高服务质量"是图书馆信息服务创新的方法指导

传递知识和利用信息是图书馆的基本职能之一。在新五定律中曾明确指出"图书馆无论如何变革,都应是肩负历史赋予伟大使命的知识传播机构"。相对阮氏来说,新五律将图书馆的基本职能明确为"知识传播",将图书馆定位于"知识传播机构",这本身就是对阮氏的发展和创新。图书馆作为知识传播机构传播的是知识和信息,其使命是"服务于人类文化素质",是实现"书是为了用的",在完成其使命的过程中,可以"重视各种知识传播方式",这为我们创新服务模式提供了很好的方法指导,从而可以大胆地尝试各种新的服务方式和手段,发挥图书馆的多重优势,充分利用网络通信技术、计算机技术在图书馆中的应用,采取手工与计算机相结合、面对面服务与远程服务、网络导航服务与自助服务相协作等多样的、多类型的面向未来、面向网络的信息服务方式,以满足不同用户的信息需求习惯,通过服务方式的多样性来吸引更多的用户群体。

综观图书馆的发展,都是向着现代化方向迈进,而图书馆的现代化进程表现出的是一个图书馆不断技术化的过程。在这一过程中,我们能明显地看到,技术正以潜移默化的方式向图书馆渗透,逐渐改变和替代图书馆传统的工作方法,使图书馆的技术含量和现代化程度越来越高。但实质上,图书馆的现代化过程是图书馆不断利用先进技术手段改进传统服务,提高自身服务能力和服务水平的过程。而科学技术的应用往往又会使图书馆人产生多种改革措施,所以,新五律提出了要"明智地采用科学技术提高服务质量",就是要清醒地、理智地分析改革措施与图书馆使命之间的关系,不能盲目地追崇技术。当然,也不能保守,而是要"明智",主要表现为:一是要借助科学技术的应用去"探索解决问题的方法",提高服务质量;二是要"对成本—效益、成本—收益进行权衡"。一句话,要讲究实用与适用。

2."确保知识的自由存取""人人有书""书为人人""节省读者的时间"是图书馆信息服务创新所追求的目标

图书馆的第一任务是传播知识,其次是传递信息。其服务的目标是使读者(用户)获取知识或信息,使文献信息资源发挥最大的效益。所以,图书馆服务的创新也要围绕此目标进行,努力达到"知识自由存取""人人有书""书为人人"的理想状态。阮氏五定律提出后,传统图书馆纷纷采取开架式来创新服务。如今,现代图书馆开展的集成服务或一站式服务,这些都是在为"节省读者时间"而努力创新。相应地,"及时性"也成为衡量图书馆服务的一个指标,所以,未来服务的创新点就是要建立全方位的信息传输系统,充分运用多样化的信息传输手段,以达到"及时性"的具体要求。除此之外,还要在信息服务的广度、深度和力度上进行创新。在广度上是指广泛收集各类信息资源,扩展服务对象,运用综合信息技术提高信息资源的可获得性和适应性,以实现"人人有书""书为人人"。在用户个性化需求越来越有特点的今天,要求图书馆针对个性化的需求所提供的服务要有一定深度,这样才能体现图书馆的服务特色和服务水平。因此,在创新方面要以加强深层次信息加工服务以及深度研究咨询服务为方向,同时进一步建立良好的用户服务系统,以便形成双向的服务关系。最后,在力度上主要是指图书馆作为知识传播机构不是唯一的能提供信息服务的部门,它同样面临着残酷的竞争。在新的环境中,其如何定位、生存?新老五定律为其指明了方向,所以,要在服务力度上努力,这是一个信息处理的综合性标志,表现为图书馆整体服务水平。它不仅是指在实现"人人都有书"的过程中,要多方面为弱势群体服务,还指要扩展图书馆的存取能力,使每个读者都可拥有图书馆,都可向图书馆提供信息,以实现"知识的自由存取"。

3."尊重过去,开创未来"是图书馆信息服务创新应遵循的原则

从阮氏的第五定律"图书馆是一个有机生长体",可见图书馆跟其他一切有机物一样是不断发展变化的。是通过不断的服务创新来进行自身的新陈代谢,赋予自己新的生命和活力,不再是一个毫无生气的,静静地等人去翻阅的藏书楼,而是通过创新,

勇敢地走向社会、走向明天，成为信息社会最富活力和创造性的部分，成为"一个生长着的有机体"。当然，创新也不是毫无原则地进行，不是随心所欲地开展，而是要遵循一定的原则，新五律就为其明确了创新的原则，即"尊重过去，开创未来"，也就是要坚持可持续性的创新原则。踏踏实实地进行服务创新，抛开一切急于求成的思想，认清图书馆事业的发展规律，明白"明天的图书馆"，必定是不仅继承了过去的图书馆优良传统，而且保持了图书馆历史观念和人类知识传播观念的图书馆；否则，图书馆将成为纯粹活性的瞬间的事物，时而有用，时而无用，但永远不会成为人类社会的信息中心。因此，图书馆的创新就要在传统图书馆的服务基础上进行，这样才能延续昨天而拓展明天，才能保证图书馆价值的永续性。同时，在创新时还要坚持特色，没有特色就难以生存和发展，而特色就意味着要有所选择，将过去、现在与未来相结合，在保持特色的同时争取图书馆美好的明天。

四、信息服务创新的思想及方式方法

（一）信息生命周期与信息服务创新

1. 信息生命周期的提出

著名信息资源管理专家霍顿提出，信息是有生命的，信息资源是一种具有生命周期的资源，他认为，信息生命周期是指信息运动的自然规律，它一般由信息需求的确定以及信息资源的生产、采集、传播、处理、存储和利用等阶段所组成。当今社会，信息以每年成倍的速度无限增长。信息同其他事物一样，并不是一个孤立不动的元素，它也像我们人类生命一样有一个产生、发展和消亡的过程。信息从它产生的那一刻起，就自然而然地进入了一个循环，经过收集、复制、访问、迁移、删除等多个步骤，最终完成一个生命周期，周而复始。信息的生命周期根据划分的标准不一，可划分为不同的阶段，有根据价值变化或作用变化来进行划分，也有根据利用的次数或使用频率来划分。最常见的就是流行的"六分法"，将信息的生命周期分为信息的采集、存储、传输、加工、使用和销毁六个阶段。

信息是流动的，只有在流动中才能发挥其价值和作用。流动着的信息有无序和有序之分，而只有有序的信息流对用户才有用，要想让信息有序地流动，就必然要对其进行必要的管理，也就是对信息生命周期进行管理。信息生命周期管理是世界各国数据存储管理供应商提出的数据存储新理念，是一种信息管理新模型。它力图对信息进行贯穿其整个生命周期的管理，从创建和使用到归档和处理。信息生命周期管理的目的在于帮助客户在信息生命的各个阶段以最低的成本获得最大的价值，换句话说，也就是根据信息在不同阶段的价值和作用不同，对其进行不同程度的管理。管理的目的是为了提供更好的服务，对图书馆来说，将生命周期管理理念用于馆藏资源的建设和管理，国内外已有专家学者对其进行关注和研究。对馆藏资源管理的目的是为信息服务提供基础，至此可做进一步延伸，将信息生命周期与图书馆信息服务直接融合在一起，根据信息在不同阶段的价值，提供不同的服务内容，使信息资源的价值得到最大限度的利用。

2. 馆藏信息资源生命周期与信息服务创新

与传统图书馆相比，现代图书馆馆藏的内涵已发生很大变化。用户的多种需求使得馆藏的含义超越了印刷型文献的范畴，并扩展到各种电子出版物、数字化信息资源，包含了各种不同的信息格式，如磁带、录像带、磁盘和光盘等，以及各种信息类型，如应用软件、全文信息和多媒体等。此外，馆藏内涵的变化还体现在外部信息资源逐步成为图书馆的"虚拟馆藏"，也就是说，如今完整的馆藏概念应为"实体馆藏＋虚拟馆藏"，不同的馆藏资源的生命周期阶段划分大致相同，经过采集、存储、传输、加工、使用和销毁等几个阶段，但周期长短不一，故在不同阶段其处理的思维、方式和方法也应不尽相同。例如，传统文献的信息生命周期较长，尤其是生产周期长，大量信息在生产传递的过程中已非常陈旧，无法满足用户对信息新、快、精、准的要求。而一些网络信息更新周期比较短，传递速度快。对这种动态性和变化性较强的信息资源的管理就显得十分困难，必须用新的管理系统去适应旧的标准。数字化图书馆近年来也开始关注这种变化对馆藏质量的影响，开始从不同角度捕捉信息生命周期数据来对其进行管理。

信息资源的生命周期即信息资源的有效期，过了有效期，其生命就要结束，就要失去价值。也就是说，并非所有的信息永远都是有价值的资源，信息会随着科技的发展、社会的变迁而贬值或丧失价值，馆藏信息资源也是如此，在其整个生命过程中，其价值和作用与用户的需求有着必然的内在联系。因此，其价值和作用存在阶段性的差异，这种差异也决定了不能用同一方式去管理它们。在实际工作中，这种基于信息生命周期对馆藏资源进行分级、分类管理的思想早已存在，如根据图书的流通率进行的图书三线典藏，体现了依据价值存放与服务的理念。图书馆馆藏由闭架到开架的创新，也同样体现了根据用户需求进行科学存储的思想。

图书馆信息服务创新的基础即丰富的馆藏信息资源，馆藏信息资源建设和管理的水平直接影响着服务的创新能力。研究馆藏信息资源的生命周期不仅可用于指导图书馆馆藏资源的建设和管理，也有利于在信息资源生命周期内通过用户的利用使其价值得到最大限度的利用，使其以最低的成本获得最大的服务效益。信息生命周期中的每个信息运动阶段都与信息服务息息相关，针对不同的阶段，采取不同的处理方法，可有针对性地提高服务的质量。如在信息采集时，利用信息的第一时间性，加快采集过程，为用户提供及时的服务；科学合理地存储不同类型的馆藏信息资源，提高信息服务的可获得性；通过深加工，延长信息生命周期，提高信息服务的层次，扩展信息服务的内容等。

（二）知识管理与信息服务创新

1. 图书馆知识管理的内容

图书馆知识管理是指运用知识管理理论与方法，合理配置和使用图书馆各种资源，充分满足用户不断变化的多样信息需求，并提升图书馆的各项职能和更好地发挥其作用的过程。其主要内容有两方面：一是用知识管理体系管理图书馆工作；二是用知识管理思想指导图书馆服务。前者体现为不仅对图书馆所拥有的现实信息资源、网上虚拟资源进行结构化和有序化处理，即对显性知识的有序化组织，以便建立知识库，供用户使用；也包括对员工头脑中的工作经验和专业技能等内在的非具体的信息资源的开发和利用，即对隐性知识的发掘。同时，将显性知识与隐性知识纳入同一共享体系，有效地完成知识的组织、传递、开发和利用，以便将最有用的知识在最恰当的时间内传递给最需要的用户。后者体现为将知识管理理念和机理真正运用到服务工作中去，以知识和信息作为桥梁和纽带，以用户和服务为中心，最大限度地发挥图书馆显性知识和隐性知识的能动作用，发挥服务的价值和知识的价值，走知识服务之路，以便达到知识创新、知识传播与利用的目标。

2.用知识管理思想指导信息服务创新

图书馆实施知识管理的最终目的，在于以创新的服务满足用户的需求。而用户日益增长的信息需求与现代图书馆相对落后的服务内容、服务方式、服务手段之间的矛盾是现阶段图书馆服务的主要矛盾。解决矛盾的方法或搞好服务的根本是创新。新技术的应用是创新，组织管理的改革是创新，服务方式的改变也是创新。创新是一个全方位工程，可用知识管理的思想来指导创新的过程。

知识管理对信息服务创新的指导，首先表现为深化信息服务内容，即提供知识服务。它不是简单的信息积累和传递，而是知识的再开发和利用，是传统文献服务的深化，也是以知识的搜寻、组织、分析、重组为基础，为用户提供有效的支持知识应用和知识创新的服务。在服务内容的深度上，不仅要重视用户需求分析，而且还强调对现成文献进行加工形成新的具有独特价值的信息产品，解决用户的知识和能力所无法解决的问题。还要求知识服务人员将智慧发挥出来，增加服务中的知识因素，动态地搜寻、选择、分析、利用各种知识,形成针对性和适用性更强的再生知识,实现知识资本的更新、组合、增值。在服务内容的广度上，应有尽可能宽的知识涵盖面，真正起到知识传播和共享的作用，如实施知识导航。知识导航是建立在知识管理基础上，运用多种先进技术与手段，主动地向用户提供帮助与指导，以快捷有效的方法满足用户的知识需求。知识导航是知识管理的具体服务和重要组成部分，也是图书馆进行知识管理与其他行业进行知识管理的最大不同之处,通过优良的知识导航,可展现图书馆知识管理的成效。

其次表现为创新服务模式。互联网的发展为图书馆的信息服务提供了全新的平台，也是图书馆需要开拓的一个崭新的空间。不仅可将传统信息服务在网络上延伸，也可开拓新的服务模式。目前，一些传统的信息服务已通过网络得以完成，如网上预借和续借、馆际互借、网上参考咨询、目录查询、信息检索、新书通报等，这些都是服务模式创新的表现。在知识管理思想指导下，还应开展更高层次、更深内容的知识服务模式，如尝试建立结构化参考服务模式。目前的单一平台咨询服务模式多是围绕信息资源的利用展开的，只能解答相对简单的问题，服务的深入程度不够，难以展开个性化、专业化的服务。而结构化参考服务模式是将人力资源和信息资源纵向分类，按照问题的难易程度、资源利用方式或者专业类型等标准划分成若干具体咨询部门,并在人力、资源等方面进行对应的配置和分布。为用户问题的深入解决提供了相应的人力和资源支持,在一定程度上为实现服务的个人化和连续性提供了可能。不但可提高服务效率,改善服务的友好性界面,而且服务的深入程度也会有所提高。

再次表现为改变服务策略。图书馆作为向社会提供服务的组织机构,已融入整个社会创新体系之中,是启动社会知识创新工程的要素之一。它的主要职能不是本身创造知识,也不是自身利用知识,而是通过对信息资源的组织把知识和用户联系起来,起到知识交流的中介作用。用知识管理思想指导图书馆服务就是以知识为内涵,用户为中心,注重知识共享和创新,改变传统以馆藏为中心的服务,注重服务策略,兼顾传统服务与网络信息服务,发挥二者的整体优势。以"用户为中心"的知识服务,就要深入研究用户的信息需求,建立多样有效的信息反馈渠道和科学、可行的评测指标,连续搜集有关用户对信息的阅读倾向、阅读数量、需求层次、满足程度,以及用户利用图书馆的方式等有关数据,并对这些数据进行系统的分析和比较研究,以便及时地改变服务策略,改进服务环节,增加服务类型,扩大服务规模,优化服务项目,从而可使偶尔用户变为经常用户,潜在用户变为现实用户。

(三)营销理念与信息服务创新

1.服务营销的内涵

营销由英文"Marketing"一词翻译过来,它是商品经济高度发展和市场竞争的产物。美国营销泰斗菲利普·科特勒对"营销"的定义:个人和群体通过创造、提供与他人交换有价值的产品而满足自身的需要和欲望的一种社会和管理过程。也就是说,营销是通过市场交换以满足人类各种需求和欲望为目的的各种活动总称,是在一种经营思想指导下有意识的经营活动。20世纪80年代中期以后,市场营销领域对营销的定义进行了新的拓展,即市场营销不仅仅限于企业的活动,而且可以扩展到非营利性事业组织与公共机构等。同时又为产品本身归纳了三种形态:有形的物质产品、无形的劳务(服务)、社会行为(观念、思想)。对营销定义做出新的解群,使营销的理论、方法、手段与营销策略得以扩展到非企业活动的新领域,从而服务具有了等同于产品的增值意义,也为非营利性服务的营销活动找到了支撑点。对于非营利性服务而言,营销理念的引入不是简单的思想和观念的导入问题，而是要使现在的非营利性机构有一个大的变革，使营销理念真正贯彻到服务内容、服务资源、服务的运行方式和服务过程当中，从而实现一个全面的、全过程的改变和创新。

2.图书馆信息服务的营销

作为非营利性的图书馆，实施一切营销活动都是为了更好地提供服务，在服务过程中引入营销理念就是切实要以用户为中心来开展经营活动，深入了解用户的真正需求，运用不同的营销策略，提供不同的服务方式和内容，从而拓展图书馆信息服务市场。换言之，要将信息服务作为营销对象，通过调查、收集和分析目标用户的信息需求，利用丰富的馆藏资源，依据信息特点，利用营销理论，围绕用户需求开展的经营活动。信息服务营销的核心是以用户的需求为服务的出发点，这与图书馆信息服务"以用户为中心"的服务宗旨相吻合。借用营销大师菲利普·科特勒对市场营销的归纳，图书馆信息服务营销可归纳为在适当的时间、适当的地点，以适当的成本和适当的方式将适当的信息产品提供给适当的用户。

第二节　图书馆信息服务创新的现状及分析

一、图书馆自动化和网络化建设情况

图书馆自动化是网络化的基础，没有高度的自动化，就不能实现网络化。到目前为止，我国地市级以上的公共图书馆、普通高校图书馆以及科研图书馆均普遍实行了计算机管理，一些县级图书馆也不同程度地实行了计算机管理。从总体发展水平来看，在全国各系统的图书馆中，高校图书馆的自动化水平要高于公共图行馆系统。一项问卷调查结果显示，截至2014年10月，在103所大中型文献信息机构中，有98%的图书馆实现了管理系统的集成化，在未实现集成化的图书馆中，有84%的图书馆计划在3年内实现管理系统的集成化，有16%的图书馆计划在5年内实现管理系统的集成化。在已实现管理系统集成化的图书馆中，有86%的图书馆在采访、编目、流通、连续出版物、目录检索、参考咨询、办公7个领域实现了自动化管理，有7%的图书馆在采访、

编目、流通、目录检索、办公 5 个领域实现了自动化管理。

20 世纪 90 年代以来，随着我国社会信息化进程的不断加快，一些自动化程度比较高的图书馆开始积极开发和研制本系统的自动化网络，并在此基础上建立了若干个地区性的图书馆信息服务网络。例如，1993 年，北大、清华校园网率先投入使用；1994 年云南大学图书馆网络系统进入测试运行阶段；1995 年广东省公共图书馆自动化网络（ZSLAIS）投入使用，开了我国图书馆地区网建设的先河；1996 年 12 月，APTL（中国科学院、北京大学、清华大学图书情报网络）项目通过国家验收，从而成为我国第一个运行在高速计算机网上的地区性图书馆网络。此后，云南省大学图书馆计算机管理信息系统（YULCS）、山东省图书馆网、福建省图书馆自动化网络、江苏省图书馆自动化网络、上海地区图书馆自动化网络等相继建成并投入运行，从而形成了公共图书馆、高校图书馆、科学院系统图书馆三大地区性网络系统，并正在建立三大文献信息资源共享系统，即文化部的"中国图书馆信息网络"（CLINET）、教育部的"中国高等教育文献保障系统"（CALIS）、中国科学院的文献保障系统，为我国图书馆的网络化建设起到了示范作用。

二、图书馆基础服务的拓展与深化

（一）馆藏流通服务

在流通的自动化方面，20 世纪 80 年代末期，我国有一批实用的图书馆自动化集成系统研制成功并投入使用。这些系统的流通功能包括图书借阅、查询、读者管理、统计和书目管理等。伴随着一些校园网、地区网、系统网的建立和与因特网的连接开通，越来越多的图书馆开始建立自己的联机公共书目（OPAC）数据库，供读者以 FTP，WWW，TELNET 等方式远程查询自己的馆藏，有的还能联机预约或借阅服务。但目前大多数图书馆的 OPAC 系统仅供本馆或本地的局域网终端查询使用，没有形成基于互联网的各家图书馆联合书目，资源共享程度有待进一步加强。除书目记录外，近年来由于国内外掀起了兴建数字化图书馆的热潮，一些图书馆开始进行馆藏数字化建设，少数图书馆已将其已实现数字化的馆藏放在互联网上，供读者浏览。

（二）馆际互借和文献传递服务

中国的馆际互借工作开展得较早，但由于以往多采取手工操作，加上长期以来受条块分割、互相封闭的管理体制制约，收效一直不大。近年来又有多家图书馆做出努力，建立了各种文献信息协作网络。首先，国家图书馆已与国内900多家图书馆、情报所和50多个国家的500个图书馆建立了互借关系，正在成为全国性的国内国际互借中心。其次，国内不少地区或系统的图书情报机构之间建立了馆际互借关系，如CALIS建立了全国中心、地区中心和高校图书馆的三级馆际互借组织和管理模式，并制定了馆际互借管理条例草案。除了馆际借书外，一些地区还实行通用阅览证制度，即图书情报机构为读者发放本地区各大型图书馆的通用阅览证，读者持此证可到各图书馆借阅文献。

（三）参考咨询服务

我国目前在网上建立主页的图书馆主要是大中型公共图书馆和科研图书馆，许多高校图书馆也被作为各高校主页上的重要栏目列出。图书馆主页通常包括本馆概况、机构设置、馆藏布局、书目查询、新书介绍、读者服务等栏目。少数大型图书馆设有与读者联系的电子邮件通讯系统，能够提供丰富的电子信息资源和简单的网络导航服务。大部分图书馆主页的内容设置比较单一，主要都是对本馆的基本情况和服务项目进行介绍，缺乏实用性较强的深层次信息。有的图书馆虽然与相关站点建立了链接，但并未经过精心挑选，也未作定期维护，只是作了一个简单的罗列。一些主页没有设置与读者联系、沟通的渠道，更新也不够及时，从而削弱了上网图书馆在读者心目中的作用和价值。

第三节　基于创新理论的图书馆信息服务创新体系构建

一、树立品牌服务意识，开展特色化服务

图书馆在人们的心目中，历来是文化、知识的殿堂，有一定知名度、美誉度和可信度。

其得天独厚的信息资源优势、人力资源优势、技术优势以及广泛的用户群等多方面优势，为图书馆开展营销经营活动提供了十分有利的条件。然而，面对激烈的信息服务竞争市场，图书馆若继续保持传统的保守服务观念，或一味地追求所谓的大而全，而没有自己的特色服务内容和服务品牌，形不成"拳头"服务项目，那势必会败于竞争之中。因此，每个图书馆都应首先从观念转变出发，树立品牌服务和营销意识，结合馆藏资源特色和服务目标群体，对信息服务进行重新定位，选择自己可以进入和占领的服务领域，力争做到人无我有，人有我精，从而创造自己的特色和品牌。图书馆服务品牌的创立就是要在同行业中通过特色服务，形成差别优势，然后再利用品牌营销方式，赢得更多用户，从而巩固自身的市场地位。

品牌的建立要靠特色服务做支撑，特色服务的开展不是盲目的，而是要根据实际情况，有针对性地进行。各个图书馆应根据自己的服务领域和所承担的任务，通过横向比较和纵向分析，对已定的服务项目集中投入人力、物力和财力进行研究，力争赋予信息产品最大的附加值，使其他的信息服务机构无法代替提供。

二、分级管理信息运动阶段，提高信息服务质量

（一）加快馆藏信息资源的采集和传输，提高信息服务的及时性

馆藏信息资源的采集是根据用户的信息需求来采集有针对性、有价值的信息资源。因此，深入了解用户的信息需求显得尤为重要，它是信息资源采集的前提，只有对口的信息资源才对用户有用。另一方面，信息是具有时间第一性的，无论是传统的印刷型信息资源，还是网络化数字资源，都具有时间第一性。这就要求图书馆员加快信息的采集，争取在信息产生的第一时间内将其提供给用户，提高信息服务的及时性和效用，这也是多数图书馆开展新书阅览室的原因所在。经过采集、加工好的信息通过合理有效的传输才能真正为用户服务，而传输的速度和工具也会影响到用户获取服务的及时性。因此，在馆藏信息资源的生命周期中，要加快传输速度，合理利用各种传输方式，改变过去单一的传输模式，充分利用网络和计算机的优势，将多种信息服务方式结合起来，以最快的速度传送到用户手中，从而节省用户的时间，使馆藏信息资源在短时间内将其价值最大限度地发挥，以此提高服务的效益。

（二）科学地存储馆藏信息资源，提高信息服务的可获得性

"可获得性"是衡量图书馆信息服务水平的一个指标，尤其是在新时期，信息服务的可获得性与否将直接影响到用户利用图书馆的信心，影响到图书馆用户群的流失与否，所以，科学合理地存储馆藏信息资源尤为重要。长期以来，对传统印刷型文献的存储图书馆多数根据流通率采用三线典藏制，且将期刊与图书按学科进行分类分部门管理，这对于想获得同一学科所有文献资料的用户来说就显得不十分满意，他需要到多个部门才能将资料收集齐全。为了改变这种状况，图书馆可合理改变图书期刊资料的存储方式，如对同一学科的文献进行集中管理，从而可为用户提供便捷的集成服务。而对于动态性的数字资源如何进行存储管理则显得有些复杂，这不仅是因为数字资源价值难以确定，而且不断的环境变化也会为管理策略的制定带来困难。如何科学合理地存储管理数字馆藏资源目前还缺乏相应的理论，需进一步研究解决。但无论采取何种管理模式，其指导思想是一致的，即降低管理复杂度，提高存储的利用率，以整体最低的成本获得最大的服务效益。

（三）延长馆藏信息资源的生命周期，提高信息服务的深度

随着社会信息化的加速，图书馆馆藏信息的数字化程度也逐步提高，信息的生命周期日益变短。而延长信息资源生命周期的方法只有一个，就是对信息资源进行深加工，提取信息中包含的知识以生成新的信息资源，从而为用户提供更深层的信息服务，满足用户高层次的信息需求。对信息资源的深加工就是依托各种信息技术从用户层面和技术层面对信息资源进行深度开发，将信息的不可获得状态变为可得状态，将可得状态变为可用状态。通过对信息资源的重新组织和开发，进行专题分析研究，专题检索代理以及针对特定用户进行数据库的深加工服务等，以提高信息资源利用的质和量。这种深度研究服务或增值服务不仅是图书馆创新信息服务的重点，也是信息服务的发展方向。

信息同煤炭、石油等资源则不同，后者用掉即不可再生，而信息资源则完全不同，其价值就在于"用"，收藏不用只会令信息资源失去利用价值，有效的利用可以使信息资源获得"新生"，为了加强信息资源的利用，促进信息资源转化为科技生产力，图书馆必须把信息资源的深层加工作为一项重要内容，这是延长信息资源生命周期的

唯一办法，也是信息用户的发展要求。简单、低级的信息利用已不能再吸引更多的用户，只有精品、高质的优质服务才能促进信息资源的再利用。所以，加强网络信息资源建设，加强信息资源的整合，通过建设信息导航库、信息深加工数据库，通过提供定题分析、学科进展通报等服务来加强信息资源的转化，促进信息资源的再生是图书馆信息服务工作创新的方向。

三、利用营销策略，提供多样性的服务方式

（一）运用目标市场策略，选择多样服务方式

目标市场细分有两层含义，一是图书馆根据自身特长，决定将为之服务的顾客群或目标市场。任何销售都是根据自己的产品选定用户所开展的营销活动，图书馆信息服务营销也是在了解自身实际情况和馆藏特色的基础上，来锁定自己的目标市场。二是对目标市场中的不同用户进行细分，使生产出来的信息产品更好地贴近各类用户群。即研究不同用户群的需求特点，开发适销对路的产品，以不同的服务方式赢得更多的用户满意。图书馆是一个多态的综合体，在类型上有高校、公共、科研等之分。因此，目标市场的细分有了很大的空间。就各个系统内的图书馆由于地区不同，服务的用户不同，藏书的重点不同，各自的目标市场也就不同。目前各级图书馆的复合形态又使目标市场的细分更有了可能，如高校图书馆，有综合类、理工类、教育类和医学类等不同，服务的学科和用户不同，藏书重点也自然不同。市场的细分是第一步，市场细分的目的是进一步根据用户需求提供对路的信息服务产品。还以高校图书馆为例，其用户可分为两类：一类是教师和研究生，对信息要求较高，提供的信息要"深"和"新"；另一类是本科或专科生，一般性的学习需求，提供的信息要求"全"和"泛"就可以。因此，针对不同的用户群，提供不同的服务产品和服务方式，满足他们个性化的需求才是细分市场的真正目的。

（二）运用便利策略，提供一站式集成信息服务

便利策略是指企业全方位满足客户的要求，节约交易时间和交易成本。而便利策略运用到图书馆信息服务是指以"方便用户"为切入点，为用户提供便捷的全方位优

质信息服务，使用户查找便利、上网便利、点击便利、下载便利，节约用户利用信息的时间。图书馆拥有各种图书、杂志、特种文献资料、光盘数据库、电子版图书、期刊网镜像站点等多种信息资源，并逐步向数字化和网络化方向发展。它所拥有的这些海量信息库和齐全的信息检索方法与工具，使其能够利用自身的这种优势为用户提供一站式服务成为可能。但由于长期以来，图书馆建筑构造的特点，再加上没有明显的指示标志，使用户走到图书馆容易就像进了迷宫一样，要想得到某一课题的全部资料要跑好多个部门，且最终还不一定能满意。网络用户也会碰到类似的问题，由于网络技术的发展还不完善，各个图书馆的现代化水平不一，使在利用图书馆网站中容易出现网页的超链连接不上、经常断链等现象。这样不仅降低了用户利用图书馆的热情，还使图书馆的服务形象大打折扣。因此，很有必要将营销学中的便利策略运用到图书馆信息服务中，为用户提供一站式信息服务，这在理论上和实际应用中都是可行的。

四、创建以人为本的管理机制

（一）以用户为本的客户管理机制

"以用户为中心"是图书馆服务不变的宗旨。建立以用户为中心的管理机制就是存储管理用户的全部资料，记录双方的全部接触活动。它类似企业中的顾客关系管理系统，是图书馆开展信息服务的有力保障。客户管理机制的建立首先要存储用户的个人资料和信息需求情况，以便图书馆通过对用户需求状况的分析为其量身定做产品和服务，以满足用户的个性化需求，并可通过对历史需求信息的回顾，预测未来的需求趋势。其次还要强调用户的参与，加强用户与馆员之间的沟通和交流，使用户参与到服务中去，并对用户提出的意见或建议进行分析研究，以便图书馆根据用户要求改变服务策略，提供切实能解决用户问题的服务。

（二）以馆员为本的组织管理机制

未来图书馆的竞争是服务和管理的竞争，但归根结底依然是图书馆员整体素质的竞争。所以，要加强对图书馆人才的开发和管理，加强以人为中心的柔性管理。首先，要充分考虑馆员的多方面需要，通过多种激励措施，激发他们的工作热情，发挥他们的知识水平，增强他们的服务意识，同时促进馆员之间的知识流动，实现知识共享。其次，建立多样化的知识服务团队。在团队中，馆员积极寻求工作中的协同作业，强调以知识需求及自身的发展为目标，形成以多任务目标为导向的组织形式。多个服务团队能够在管理环境发生变化时，充分发挥组织结构的灵活性和弹性，使其功能和作用继续发挥。并且在各个团队之间形成一个相互信任、相互理解、相互支持、相互关心、相互尊重的和谐氛围，发展各个动态知识服务团队的知识管理和服务智能。最后，在管理手段上可建立多种制度以提高图书馆的专业化水准。如建立职业资格证书制度，从源头上净化图书馆队伍，提高馆员的综合素质，还可建立人才培养激励、物质利益激励、精神文化激励、目标价值激励和先进榜样激励等多种切实可行的激励机制模式，以促进图书馆员之间的竞争，培养其创新能力，提高整体服务水平。

五、推动图书馆服务理念的创新

（一）现代图书馆服务理念的体现

服务质量的高低是衡量一个图书馆建设水平的重要指标之一，也是促进图书馆提高建设水平的必要手段。现代图书馆通过阅览和借出的方式向读者提供书报资料以及文献复制、参考、检索等服务。图书馆的服务职能主要包括向读者提供信息资料和信息查询两大类。在图书馆诸多服务中满足读者的信息需求只是一部分内容，还包括了图书馆的服务理念、服务文化、服务模式以及在为读者服务过程中工作人员所表现出来的个人素质和服务态度等。也就是说，图书馆服务的本质是一种文化互动、感情沟通和价值确认的过程。

人性化是图书馆服务理念的价值体现，即在满足读者和社会化需求中以人为中心来配给服务资源，尊重个人价值，培养人文精神，实施人道主义，创造人文环境来充分开发和调动人的积极性、主动性和创造性并体现图书馆的服务价值的过程。图书馆服务理念是图书馆基础服务的基本方针，是整个图书馆工作的重要组成部分，是图书馆服务工作的指南，反映了图书馆服务的发展规律。进入21世纪以来，图书馆服务理念在不断的发展变化中，从传统图书馆服务理念逐渐演变成现代图书馆服务理念。

（二）图书馆服务理念创新的必要性和实质

1. 图书馆服务理念创新的必要性

随着社会的不断发展和变化，图书馆必须要进行服务理念创新。在新形势下，信息技术日新月异，在知识传播、创造模式等各个方面进行了改革，网络资源成了人们获取知识的主要渠道，信息用户也能够不通过图书馆直接又快捷地获取所需信息，在应对挑战和顺应信息化潮流中，作为图书馆有必要解放思想，开拓创新，进而实现自身的科学发展。

服务是图书馆的核心和生命线，理念是指导行为的基础。图书馆只有创新服务理念，才能提高其竞争力，适应时代发展的要求。

2. 图书馆服务理念创新的实质

要想真正实现图书馆服务理念创新，首先图书馆人员要及时更新观念，不断创新，主动为信息用户提供信息服务，以提升图书馆服务质量为主要目的，创新的实质就是一切为了读者，使图书馆服务内容更加多姿。

当今是一个信息时代，加快了知识更新的速度，为用户提供更快、更好、更细的信息内容，才是真正意义上的服务创新。所以，图书馆要不断深化信息服务内容，利用馆藏实体资源和虚拟网络资源的优势，传统和现代有机结合，满足不同层次读者需求，真正体现图书馆服务理念创新的实质内容。

（三）现代图书馆服务理念的创新

更不是一味地标新立异，要继承优点，服务理念的创新主要包含以下几点：

1. 体现自由、平等、博爱

作为图书馆要重视人的尊严，用一颗宽容的心去包容人的弱点，尤其要为社会弱势群体提供特色服务，真正体现"自由、平等、博爱"的社会公义，让人们都能有平等地获取知识的权利。

2. 树立"以人为本"的服务理念

图书馆贯彻以人为本的服务理念，主要体现在人性化的规章制度方面，以满足人们对文献资源的需求。体现在人性化的文化环境、服务设施、功能布局等诸多方面。在我国图书馆工作中，主要体现在对图书馆特有的价值追求，图书馆的所指定的规章制度并不是僵化的条文,而是面对有血有肉的人们,需要富于人情味的关注,投入更多的情感。这样才能真正体现图书馆以人为本的服务理念。

3.增强竞争意识,提高馆员的基本素质

在社会发展不断进步的前提下,图书馆也应该树立更高的服务理念,要求图书馆员从自身工作出发,多角度、多层级为用户提供更加优质的服务,满足用户更广泛的需求,对此,图书管理员应该不断提高自我水平,提升自身素质。

首先,在思想道德上,图馆员要树立一种良好的职业观。馆员的职业观是随着图书馆的变化而不断提升发展的。随着人文意识的不断增强,图书管理员也应该注重服务理念的提升,注重对知识和真理的追求,倡导全民阅读的理念,体现合作创新、宽容与公正。同时,要树立良好的职业心态,提升图书馆员的职业认同感。从图书管理员的工作性质来看,图书馆员大都是为他人服务,不管是在传统的手段下,还是在信息化的时代下,只有具备了良好的心态,乐于奉献,勤于服务,才能成为一名合格的图书管理员。另外,图书管理员还要具备良好的进取心。现代社会是一个信息化时代的社会,图书馆也同样面临着机遇和挑战,作为图书管理员,必须要具有竞争意识,树立强烈的工作责任心,才能不断发现工作中的问题,提出解决的办法,提高图书馆的工作效率。

其次,在工作能力上,图书馆员要具有现代信息技术的能力。随着现代社会的不断发展,信息技术已经广泛应用于社会的各个领域,对于增强社会发展的能力都具有重要的推动作用。图书馆的工作也同样离不开信息技术的支撑,科技的发展,边缘学科的不断涌现,也对图书馆员提出了更高的要求,要求图书馆员不但要具备广博的知识,还要熟悉最新的现代信息技术,具有捕捉信息的能力,学会运用现代化的手段为用户提供良好的服务,做好信息用户的导航员。在信息资源不断丰富的今天,图书馆员要不断提高自身的素养,通过自身的努力,来促进全社会信息素养的提高,为社会文明的进步起到良好的促进作用。

4.建立特色的网络文献信息资源

图书馆的特色活动和服务都能体现现代图书馆服务理念创新。随着信息网络的普及,我们进入了信息化时代,人们获取信息的途径更加广泛、快捷而又准确。网络成为人们获取信息的主要平台，为人们提供了丰富的文献资源，满足了人们的各种需求，促进了人们的交流和沟通。当前高校教育对信息量的要求越来越大，不实现服务创新，已经不能满足人们的需求，通过网络平台，方便快捷地为人们提供各种数据库服务和知识库服务，这些服务方式有很强的实用性和交互性，最大限度地丰富了图书馆服务内容，发挥了图书馆的服务功能，因此，给学生提供网络服务有着重大的意义，而作为图书馆的工作人员是发挥网络功能的关键，因此，要不断提高图书馆工作人员的综合素质，培养他们的服务意识，才能使得图书馆服务不断创新和完善。

总之，服务理念决定着服务质量，除了在硬件建设上要加大投入以外，还要在服务理念上进行创新，探究图书馆的服务模式，使图书馆能够更好地为社会大众服务，提升社会公众的思想素质水平。

5. 树立知识服务理念

知识服务是一种新的服务观念，是注重对信息资源的深层次开发和利用，注重知识资源增值的一种服务。与传统信息服务的区别主要在于：

第一，传统信息服务关注的是为用户提供了什么信息资源，而知识服务关注的是为用户解决了什么问题。

第二，传统信息服务只需要关注用户简单的提问，满足用户文献需求，知识服务则是一种逻辑获取服务，通过对信息的分析重组形成新的知识产品。

第三，传统信息服务满足于为用户提供具体文献信息，而知识服务致力于帮助用户寻求或形成"解决方案"。

第四，知识服务关注其服务的增值，希望利用自身的知识和能力为用户提供具有独特价值的信息产品，而传统的信息服务更多的是基于对资源的占有，通过"劳务"来体现自身价值。

为此，知识服务需要图书馆员努力成为"一专多能"的复合型知识人才，将分散在相关领域的专业知识加以提炼形成符合用户需要的"知识精品"。

第四节　基于知识管理视野的图书馆信息服务管理

一、知识管理的概念及特征

（一）知识管理的概念

当前，对知识管理这一概念有很多定义，大家众说纷纭，主要原因是知识管理是个新兴的研究对象，而且本身也比较复杂，而人们的研究角度和研究目的有所不同，所以对知识管理也作出了不同的解释和定义：

第一，资深知识管理专家、经济学博士约格什·马托特拉认为"知识管理是在日益加剧的不连续的环境情况下服务于组织适应、生存和能力等关键问题的活动。其实质在于信息技术处理数据与信息的能力以及人们创造和创新的能力有机配合的组织过程"。

第二，卡尔·斯维尔比从认识论的角度对知识管理进行定义，认为知识管理是"利用知识的无形资产创造价值的艺术"。

第三，在美国《福布斯》杂志发表的一篇题为"迎接知识经济"的文章中，提出"知识管理"这一概念。文章认为：知识管理不同于信息管理，它通过知识共享，运用集体的智慧提高应变能力和创新能力。知识管理的实施在于建立激励雇员参与知识共享的机制，设立知识总监培养企业创新能力和集体创造力。

对知识管理的解释多种多样，要真正理解和认识知识管理，应该将知识管理与信息管理进行对比研究，进而得出知识管理究竟是什么。

首先，应该理解知识和信息的区别。从产生信息的客体来定义，信息是由事物所发出的一切消息中所包含的用以表征事物的内容。知识是信息加工出来的产物，是一种具有普遍和概括性质的高层次的信息，是信息的一个特殊子集。从二者的定义可以看出：相对于知识管理而言，信息管理有较长的历史。尽管人们对信息管理的定义和理解不同，但是由于信息管理这一词条已经被广泛使用，用户基本达成了共识。知识管理是对信息管理的继承和发展，是信息管理在广度和深度上的拓展和深化。信息管理的核心是信息资源的开发和利用，侧重于信息的收集、分析、整理与传递等方面，而知识管理的核心是实现隐性知识和显性资源的转化，强调人力资源的关键作用。信息管理和知识管理相辅相成，信息管理是知识管理的基础，知识管理又是信息管理的延伸。

（二）知识管理的特征

目前关于知识管理的论述可以说是仁者见仁，智者见智，将不同的论述总结概括起来主要有以下特征：

1. 知识管理的重点是隐性知识

显性知识便于沟通和共享，容易被竞争对手所获得；而隐性知识相对来说是难言性的，难以编码，难以用信息技术进行管理、共享和支持。对于组织来说，显性知识不可能形成持续的竞争优势，所以，组织的核心竞争力只能建立在对隐性知识管理的基础上。此外，有研究表明，隐性知识占人的知识总量的90%，而显性知识只占10%。如果把人们掌握的知识形象化成一座漂浮在海面上的冰山，那么，显性知识只相当于露出海面的"冰山尖端"，而隐性知识则相当于沉浸在海面下的大部分。由此可见，挖掘和利用隐性知识是知识管理的关键。

2. 知识管理的核心是人力资源管理

努那卡（Nonaka）曾经说过，"只有人类才能在知识创新的过程中扮演核心角色，无论计算机的信息处理能力有多大，它们终究不过是人类的一种工具"。艾伦·韦伯也曾说过，"说到底，新经济并不存在于技术之中，无论这技术代表的是微芯片，还是全球电讯网络，新经济存在于人的头脑里"。只有人才是这个时代最重要的因素，而创造一种有效的机制，最大限度地发挥人的潜能，充分地调动其学习的积极性，使其能力得以快速的提高，更好地为组织创造价值，正是知识管理的实质。把人力资源看作最重要的资源，最大限度地实现知识管理，这才是知识管理的核心内容。

3. 知识管理的"增值"效应

知识管理是基于"知识具有价值，知识能够创造价值"的认识上而产生的。知识管理就是要充分利用知识资源，大幅度提高产品的知识含量和附加价值，更新人们的价值观念，使人们认识到共享知识比拥有知识更有价值。

二、图书馆知识管理的特征

（一）图书馆知识管理是"人本管理、能本管理与知本管理"一体化的管理

图书馆知识管理是以人为本的管理。首先，要尊重图书馆员，要尊重馆员的能力与价值，尊重读者的个性，并且要尊重馆员的劳动，尊重馆员的劳动成果。其次，要充分认可每个馆员在图书馆的贡献，客观地评价馆员的业绩，允许馆员选择适合自己的岗位，提供其发挥潜能的机会。

图书馆知识管理也是以能为本的管理。以人为本的升华是以能为本，它能够通过有效的方法，最大限度地发挥人的能力，从而实现能力价值的最大化，把能力这种最重要的资源作为组织发展的推动力量，实现组织发展的目标和组织创新。

图书馆知识管理还是以知为本的管理。"以知为本"的管理是一种能够激励和灵活运用馆员的知识，并使馆员做出可持续贡献的机制。与"以人为本"相比，它不允许存在不可替代的人才，因为这有可能破坏图书馆的集体奋斗的核心价值，削弱图书馆的可持续发展动力。它要求图书馆特别是馆长，必须同时兼备"才"和"知"，不断为图书馆做出贡献。

（二）图书馆知识管理是"激励管理、民主管理和自主管理"相结合的管理

图书馆知识管理是一种激励管理。在激励管理的过程中，要注意激励的方向和实现图书馆目标相吻合，要公正，要有针对性，真正通过激励来提高馆员的工作效率和业绩，达到增强制度文化信念和促进图书馆工作的目的。

图书馆知识管理也是一种民主管理。民主管理是通过馆员参与决策、组织动员、监督检查、协调关系和启迪教育，达到维护馆员的合法权益和图书馆的领导权威，使图书馆工作获取广泛支持并得以顺利开展的管理。

图书馆知识管理还是一种自主管理。自主管理是一种"信任型"的管理。由馆员

根据图书馆的发展目标和要求，自主制订自我发展计划，实施自我控制、自我创造、施展才华机会的管理。这种管理要依靠馆员个体素质、文化底蕴来实现自我约束和自我发展，来完成图书馆交给的工作任务，目的在于为馆员实现自我价值提供机会，满足馆员追求成功、追求卓越的心理需要，所以，这种管理是一种不靠职务和权力来实施管理的更高境界的管理。

要想把知识管理与图书馆真正结合起来，必须建立有效的图书馆知识管理体系，加强图书馆人力资源管理，建立图书馆的知识整合和知识联盟，即图书馆内部知识信息集成管理，将集合的各种信息资源按用户需求，通过各种信息和手段进行规范、科学地组织，以供读者方便、快捷地利用。它不仅强调人、财、物等生产要素，而且更重视知识信息软件生产要素在继承聚变中的主导作用，通过知识信息的重组与功能放大，实现能力互补，创造新的能力，创造一流知识资源，提供一流的知识服务。

总之，建立图书馆知识联盟可以优化组织结构，重组业务流程，调整图书馆知识资源结构，加强知识资源管理，利用信息技术，形成资源共享网络。以用户需求为中心，提高知识传播质量，促进知识的交流与共享，实施图书馆知识资源集成管理，建设共享的知识文化，提高对知识管理的认识，将知识管理贯穿于知识服务工作中。信息技术的运用在很大程度上决定图书馆知识管理的效率和水平，知识管理需要良好的技术和组织基础来挖掘、筛选，组织知识信息供读者利用，充分放大其知识效用，促进图书馆员的人力资源开发和读者的智力资源开发，将图书馆员提供的知识和积累的管理经验用于知识服务，构建知识共享，以提高馆员分析问题、解决问题的能力。同时图书馆应建立多种形式的知识转移途径，使知识和信息可以通过多种渠道进行转移和流通，从而建成现代化的数字图书馆。

（三）图书馆知识管理的目标是要推动知识创新

知识创新是知识经济社会的核心，知识创新活动是一次庞大又复杂的系统工程，它不仅需要科学研究部门从事知识的生产，还需要有专门的机构和人员从事知识信息的收集、加工、整理和传播，以促进其应用。图书馆作为知识和信息搜集、整理、存贮和传播的基地，是科学系统链中不可或缺的一个环节，同样是知识创新中的重要环节。

其一，创新需要以前人的研究成果为基础，图书馆帮助科技工作者获得相应的知识，并提供最新的科技信息,是启动知识创新的前提条件。

其二,图书馆直接参与到科研过程,他们的工作是知识创新的重要组成部分。

其三,图书馆要关注知识的扩散和转移,是知识创新成果转化为现实生产力的桥梁。

知识管理就是要促进图书馆内部、图书馆与图书馆之间、图书馆与用户之间的联系,加强知识联网,加快知识流动。图书馆作为人类知识的宝库,信息知识资源的集散地,理当抓住有利时机,结合工作中遇到的一些问题,如:知识经济时代图书馆的转变、生存和发展,信息技术的发展和应用以及虚拟图书馆的建设问题,电子时代的知识产权保护问题,图书馆信息资源开发和产业化问题等开展科学研究和知识创新。

(四)信息技术是图书馆知识管理的工具

社会从以信息技术为主导、提高组织的竞争和生存能力的时期,发展到以信息为主导的时期,并进入以知识和知识创新为中心的知识经济时期。人是知识管理的核心内容,但并不意味着信息和信息技术无足轻重,它们依旧是知识管理的内容和研究对象,对知识创新起着源泉和工具作用。

首先,因特网、数据库、视频会议系统等的出现不仅加快了信息传递的进度,也增加了信息的广度,同时使各种信息更加有序,这为知识创新提供了信息保障。

其次,现代信息技术的出现打破了信息传递的时间和空间的限制,交流形式更为生动、直观,通过这些技术可以获取大量零散情报,即时实现信息反馈,通过网络可以方便地与世界各地的同行、用户探讨有关问题,彼此促进激发知识的创新。

再次,知识创新鼓励共享和信任机制的形成,与知识共享伴存的是知识产权的保护。现代信息技术不仅是实现信息交流和共享的手段,也是解决知识产权保护的强有力的方法。可以通过为需要进行保护的知识产权采用信息技术授予用户不同的访问权限,以达到既方便用户合理使用,又保护知识产权拥有正当权益的目的。这是维护知识创造者自身权益,保护知识创新的积极性的一面。

图书馆知识管理的主旨在于推动图书馆馆员之间的知识交流,通过交流达到使馆员直接有效地得到其所需的知识,激发并增强馆员的创新意识和能力,从而丰富图书馆的知识资产,使知识最有效地应用于企业的业务活动,从而增强企业的竞争能力;激发馆员的学习热情和能力,使其与获取知识和创新三者之间形成良性循环,将图书馆再造为一个学习型组织，从根本上保证企业的可持续性发展。因此，知识管理的主要实现思路在于组织结构、业务流程的合理设计与组织文化的培养，再加上现代化的信息技术支持，建立一种创新、交流、学习和应用知识的环境与激励机制。相对于信息资源管理而言，知识管理的进展和突破主要表现在组织结构和业务流程设计以及组织文化培养方面。

在信息技术方面，知识管理的实现必须以恰当而先进的信息技术的选择与应用为前提，其运行也必须以信息技术框架为基础。

知识管理涉及的信息技术主要有因特网、内部网和外联网，存贮结构技术，数据库管理系统，元数据技术等，在知识管理涉及的信息技术中，内部网和外联网是非常重要的，它是图书馆知识管理的信息技术平台，其他知识管理技术都要在这一平台上运行。因此，构造一个安全、高效、灵活的内部网和外联网是图书馆知识管理实现技术中的基础性内容。

三、现代图书馆知识管理的实施

（一）图书馆知识管理的基础

知识管理作为一种先进的管理和思维模式，在企业中取得了良好的效果。而图书馆人员每天徜徉在知识的海洋里，每天与信息、知识"亲密接触"，如果不能走在时代前列，有负于图书馆这一"知识聚集地"的称号。因此，我们有必要对所从事的工作用全新的眼光和视角进行重新审视，将知识的收集、整理和传播功能发挥到淋漓尽致，用更加优质的服务和健全的组织体系为广大读者服务，最终体现图书馆的知识价值和服务价值，走上一条持续的知识与服务之路，为社会做出应有的贡献。

1.图书馆知识管理要以用户需求为重点

"书有其人，人有其书"是印度著名图书馆学家阮冈纳赞提出的影响力极为深远的"图书馆学五定律"内容之一，它说明了读者在图书馆中的重要性。图书馆的文献知识不论多么丰富，管理是何等有序，如果没有读者光临，那么一切就都毫无意义。因为资源只有被利用，才能转化为实际的社会效益和经济效益，否则这些有用的资源就会被尘封。因此，读者的需求就是图书馆赖以存在的底线，如何为用户进行有差异化的服务、有特色的服务，促进知识的有效传播，并在此基础上进行创新，是图书馆知识管理的核心所在。

当前，我国图书馆在管理理念、服务体系等方面还存在一定的不足。因此，在图书馆知识管理过程中如何"以用户为中心"的心态去关注读者是每一位图书馆员的职责，最大限度地调动读者的主观能动性，吸引更多的读者，是图书馆的当务之急。

2. 图书馆知识管理要以信息知识为基础

面对浩如烟海的各种知识，及时有效地进行全面分析、筛选、再整理，是图书馆的工作重点，只有把这些知识转化成科学化的"知识组"，才能够更好地为用户学习和研究提供方便。如今的社会已经步入信息化时代，人们获取信息的渠道更加广泛和快捷，如何在这一变化中分得"一杯羹"，也是图书馆员的工作重点。因此，图书馆的工作重心要按照主词和元数据的信息要求，为所有的用户提供最快捷的查询路径，让读者能够在最短的时间内获取自己所需要的知识。所以，在新形势下，图书馆要建立在信息知识的层面上，把知识进行深度挖掘，利用图书馆良好的设施和条件把最前沿的知识、海量的信息呈现给广大读者，最终促进知识的创新和图书馆价值的提升。

3. 图书馆知识管理要以信息技术为支撑

网络环境中，帮助读者在网上海量的信息中快速找到自己所需要的信息是图书馆的职责。社会的高速发展，为互联网技术提供了展现的舞台，打破了原有的时空界限，用最快的速度去进行知识的传播，使用户和图书馆的即时信息成为全天候的链接，更有利于激发图书馆知识的创新。这就要求图书馆的知识管理更应该从元数据技术、知识挖掘、知识发现等方面进行研究与对接，用信息技术搭建知识管理的框架，更好地为读者提供快捷便利的服务。

4. 知识的创新是图书馆知识管理的终极目标。

图书馆是人类知识的宝库，要想为用户提供更好的服务，就要对新旧知识进行重新整理与资源整合，并在此基础上进行深层次加工，形成具有图书馆特色的知识产品，让用户能够从中很快查询到自己所需的知识或信息。因此，图书馆的管理层要充分调动图书馆员的工作积极性，发挥他们的聪明才智，用创新的思维和创新的科技，结合图书馆的发展目标，利用图书馆的优势和信息技术，把知识进行重组和再造，监督知识创新的每一个环节。从知识的整理、加工、创新、再造等过程形成一个高效动态的评价机制，全面提升图书馆的工作效率与质量，形成一个网络化的服务跟踪体系，全面实现知识的不断创新。

（二）图书馆实施知识管理的策略

1. 树立人本管理理念

人本管理是知识管理的核心所在，只有尊重人的价值，充分考虑人的愿望和需求，为广大图书馆员提供充分的信任空间，才能够全面激发他们的工作热情，发挥他们的最大潜能。因为图书馆的知识管理不仅是编码、流程等显性知识的质量管理，更是图书馆员隐性知识的管理，开发好人力资源，做到以人为本进行管理是图书馆在激烈的竞争中站稳脚跟的制胜法宝。每个馆员在工作中都需要恪尽职守，组织协调和开发利用知识信息，以知识信息为载体，以知识创新为己任，快速高效地为广大读者用户提供更加优质的服务，力争使自己成为知识管理与创新能力的复合型人才。

2. 有效进行资源整合

图书馆的资源整合主要是指对知识信息集成管理，即对组织内部进行知识整合。以前多以馆藏资源的多少来衡量图书馆的实力，现在则是以信息资源的数字化集成来衡量。因此，图书馆应有效进行资源整合，提高自身实力。首先，将馆藏资源压缩在一个文件夹中作为一个公众平台以供所有用户进行查询；其次，将馆藏以外的信息加工整理后拷贝到软件上，用集成化的手段将这些知识与信息进行分类，让用户能够快速便捷地查到其所需的相关知识。

由于资源整合还涉及图书馆员的问题，所以也应该将现有的组织结构按照新建立的平台要求进行人员的重新整合，做到人尽其才，物尽其用，设置相应的岗位，让他们在各自的岗位上充分发挥特长，为图书馆的发展贡献力量。

3. 搭建知识管理平台

搭建知识管理平台就是要改变传统的以馆藏为中心的服务模式，把用户需求和信息资源、信息技术结合起来，一切以用户为中心，一切工作都围绕读者用户这个中心来开展。只有运用计算机技术、信息技术、通信技术将原有的资源进行整合，搭建一个科学合理的知识管理平台，让用户利用这个平台通过新型检索、搜索引擎等网络技术实现知识的查询与共享,才可以很好地克服跨库检索带来的不便,从而方便、快捷、智能化地实现知识管理,提高知识管理的水平。

4. 不断进行知识创新

图书馆知识管理的最终目的是实现知识创新。作为知识传播与读者之间桥梁的图书馆员,要时刻关注国内外所发生的重大事件以及新闻动态,拓宽自己的视野和知识领域,以实现知识和服务的创新,帮助用户获得新的知识。特别是在当下知识信息"大爆炸"时代,人们获取知识的渠道越来越多、越来越快捷,作为从事文献与信息整理的"知识管理"领域的图书馆,更应该与时俱进,紧跟时代的步伐,时刻走在时代的前沿。

5. 调整管理策略以创建学习型图书馆

作为知识信息传播者的图书馆员,必须具备接受新知识、新信息的能力。图书馆要根据本馆的目标和任务有计划地建立一套完整的继续教育体系,根据不同的业务需求进行差异性的管理,例如:采购部门其专业性知识有一定的规律性,可以采用显性知识管理策略;图书情报部门由于其特殊性,所以采用隐性知识管理策略较为恰当。但无论采取哪种管理策略,从整体上讲都是一个学习型的图书馆,这就要求全体人员都要从自身做起,严格要求自己,不断参加培训,不断接受后续教育,营造一个开放式、互动式的学习环境,并把参与知识管理学习与工作绩效相挂钩,提升图书馆的整体创新能力,打造一个全新的知识型、学习型团队,为读者用户提供更加优质的服务。

第五节　数字环境下图书馆信息服务管理的创新

一、服务理念的创新

(一)特色理念

任何图书馆都应该有自己的特色。图书馆的特色主要体现在馆藏特色、服务特色、管理特色、科研特色和环境特色等方面。图书馆由于其本身的特点应将重点放在馆藏特色上,馆藏特色是指馆藏文献在某一方面比较系统完整,能基本满足特定读者独立研究的需要。具体可表现为学科特色、专题特色、地方特色、类型特色、语种特色等。尤其是在学科特色方面，根据学科建设和专业设置，合理地配置信息资源，建立特色数据库。

（二）信息资源共享理念

信息资源共建共享是 21 世纪信息需求和技术发展的必然产物。文献激增、资料价格上涨、越来越多的新技术被使用，使资源共享不仅从经济考虑是绝对必要和可行的，从合理使用图书馆资源来考虑也是至关重要的，能够避免资源重复建设带来的浪费。图书馆可以以教育网为依托，以资源的电子化、数字化和网络化为基础，构成一个相互联合协作、整体化的、充分实现资源共建、共享的服务网络体系。

（三）学习理念

图书馆除了作为为教学科研服务的机构之外，还有一个重要的职能就是成为用户终身教育的场所。所以图书馆必须引进先进的学习理念，对组织结构、管理体制、馆员队伍的思想意识等进行改造，建立和谐、高效的"学习型图书馆"。

二、服务内容的创新

（一）网络信息资源的开发利用

网络信息资源的开发利用应成为图书馆深层次开发的重要内容。深层次开发是指图书馆在合理组织文献信息资源的基础上，根据用户信息需求，对文献息进行深入的分析处理，开展知识浓缩、提炼和知识重组的工作。在网络信息资源日益丰富的今天，图书馆馆员要掌握网络信息资源检索和获取的途径，有意识地收集、筛选和利用有效信息，组织和下载网络信息资源；同时结合本馆馆藏文献信息资源，结合网络信息资源建立特色数据库，如重点学科导航库、学科资源库、专题资源库等。对网络信息资源的开发不能盲目进行，要本着为教学、科研服务的原则，同时要突出本馆的特色。图书馆还要重视网络信息资源知识内容的开发，目前，基于内容的开发是图书馆信息资源开发的一个难点。一方面，信息搜集速度与信息处理速度的矛盾越来越突出；另一方面，用户要求信息资源开发有广度和深度，人们期待研究和开发基于信息内容的新理论、新方法和新技术。网络信息资源的开发利用是一个系统工程，需要全面的系统配套设施。

（二）数字化资源建设

随着网络技术的发展，无论是印刷型文献信息还是电子信息若要在计算机网络上进行自由传递，其前提条件就是要将信息数字化。数字化指将各类载体信息，包括数字、文字、声音、图形、图像等都转换成计算机可识别的由0和1组成的二进制数字编码形式。

数字化资源建设包括两方面：一是把本馆印刷型文献进行数字化并放到网络上供读者检索；二是对各类电子出版物的引进。数字化信息资源的最大优势在于不但可节省馆藏空间，还可以提高读者服务的效率和质量。对数字图书馆来说，将图书馆馆藏信息数字化是必要而合理的。在数字化过程中可先将馆藏需求量大的特色资源、图片、地图、档案等进行数字化。同时，要根据读者需求合理引进有助于学校教学、科研的各类型数据库供读者使用。

三、人力资源管理创新

（一）设立学科馆员制

学科馆员的服务模式是近些年图书馆推出的一项创新服务方式。以清华大学、北京大学、上海交大等重点大学为首的高校图书馆率先开展了以学科馆员为重点学科的信息服务，学科馆员以开发专题信息资源为目的，深入学科专业领域，为学科建设发展提供学术层面上的服务，解答科研中提出的各种问题，对某一学科的基本理论、在结构、学科历史和现状、学术前沿、学科的主要支撑者、学科经典文献等方面有较深入的了解，对学校的重点学科建设发展方向、目标、最新成果、未来发展动态做到心中有数，将繁杂无序的信息进行加工、分析、整理后，提供给重点学科用户，学科馆员是重点学科建设体系中的重要成员之一。设立学科馆员，就是要让学科馆员定期下院系，向院系的师生介绍图书馆关于本学科的新资源、提供的新服务。要深入各学科了解教学科研对专业文献信息的需求，有针对性地对学科专业文献信息进行收集整理和分析研究，以及进行相关创新知识的整合，主动为各学科读者和课题研究人员提供高水平、深层次的信息服务。学科馆员的设立，给那些具有专业学科知识，又有一定的信息服务技能的馆员提供了发挥特长的空间。同时又能激励他们进行专业领域学术的研究，不断提高自身的专业素质，从而在整体上也带动了整个图书馆队伍素质的提高。

（二）"以馆员为本"的激励机制

"以馆员为本"主要是针对图书馆的管理者来说的，图书馆的管理者不仅要有"以用户为本"的思想，还要树立"以馆员为本"的思想，充分调动馆员的积极性，激励他们不断地进行创新。只有通过激励机制，奖勤罚懒，按业绩、按劳动量、按创造性来进行合理分配，才能使馆员在工作中真正发挥其积极性和创造性，更好地为读者服务。

图书馆建立激励机制的具体方式有物质利益激励方法、个体精神激励方法、外部因素激励方法。图书馆在实施激励机制的过程当中，要恰当地进行物质利益激励。因为这是改善图书馆馆员生活环境和生活质量的基础，也是馆员学习和工作的基础。个体精神激励方法包括榜样激励、荣誉激励、绩效激励、目标激励和理想激励。外部因素激励包括组织激励、制度激励和环境激励。

（三）完善人才培养机制

由于馆员的素质对于图书馆的事业有着非常重要的意义，这就要求图书馆要重视对人才的培养，加大对人力资本的投入的力度，促进馆员的知识更新和技能提高，鼓励馆员积极参与学习。通过建立人力资源的教育培训体系并使之制度化，将使高校图书馆的人力资源开发工作走上科学化的轨道，在执行过程中将主要按制度来进行，从而避免因为领导的变动和主要领导的个人偏好不同导致在人力资源教育培训计划上出现大的反复。为此图书馆要建立正常的馆员教育培训制度，把学习新知识、新技术、更新思想观念作为自己安身立命的根本，把学习和培训作为一种积极的自觉投资，而不是作为一种被迫的额外消费。图书馆可通过在职进修、轮岗制度、馆内培训和外出学习等方式来对馆员进行再教育。图书馆有责任给员工提供一个高效的不断学习的环境，使图书馆员能随时利用各种机会学习、进修专业知识以不断地进步和发展，这样不仅使馆员的个体素质提升，还能使图书馆的整体人力资源水平有大幅度的上升。

第五章　图书馆信息管理及服务的优化

第一节　图书馆图书信息管理的优化方式

一、现代图书馆图书信息管理优化的必要性

首先，信息社会的快速发展促使现代图书馆图书信息管理的优化，这是一种必然的趋势。众所周知，随着信息时代的来临，图书馆的图书管理衍生出了信息化的管理模式。由于信息技术在图书馆中的快速应用和网络化迅速发展，传统的单纯依靠图书获取信息的途径的观念已成为历史。现在，先进的信息技术已经在社会的各个领域全面覆盖，因此，现代图书馆图书信息管理的优化是当今信息社会发展的客观需要。现代图书馆作为社会信息系统的主要组成部分，在当今信息社会中扮演着重要角色，为了有效地完成信息社会赋予的使命，就要对现代图书馆图书信息管理实施优化，从根本上改变其传统的图书管理模式和管理思想。因此传统的图书管理向现代图书馆的图书信息管理方向转变，已是图书馆图书管理发展的必然趋势。

其次，现代图书馆图书信息管理优化是深化信息服务的需要。在当今社会信息技术快速发展和信息量的快速膨胀环境下，现代图书馆的专业化程度和社会化程度与日俱增。所以，现代图书馆信息管理方式的优化成为现代图书馆能够切实实现各种信息的共同使用，加快图书馆信息服务的客观趋势。信息管理的优化将从整体上改善传统图书馆的工作，能够更好地实现搜集、整理、存储和传播文献信息，为读者提供更优质的服务，进而促进了全民素养的提高。

最后，现代信息技术已成为现代图书馆图书信息管理优化的发展趋势。目前，在信息化社会中占主导地位的是数字化信息，而占据人际交流平台的将是虚拟空间。随

着社会信息化程度的日益增加，图书馆引入信息管理是现代图书馆发展的必然趋势。当今，人们获取信息的途径已不单单是依靠书本，而主要信息来源则是依靠快捷、方便和全面的网络资源。网络资源的依靠以计算机为基础，以网络传播为核心的现代信息技术的快速发展。因此，现代图书馆通过信息管理的优化，能够清晰地把握读者的需求，进而提高了图书馆服务读者、服务社会的能力，有利于图书馆的优化发展。

二、现代图书馆信息管理优化方式策略

（一）图书馆自身落后的管理模式的改变

信息管理优化的关键是摒弃固有的管理观念，大力解放思想，积极开拓新型信息化管理模式。在信息管理优化方式下，更需要强化信息服务意识，重新树立信息化、竞争、创新、资源共享等服务理念。现代图书馆要转变传统的管理与服务模式，在传统的管理模式中，融汇信息化环境下先进的管理和服务模式。从而为读者更好更快地提供优质服务。

（二）信息服务意识和理念的加强

现代图书馆的图书信息管理要以一切为了读者，为读者提供快捷、方便的服务为目标，全面推动现代图书馆为读者服务水平健康快速地发展。现代图书馆图书信息管理就是要坚持一切为了读者，为了一切读者的服务理念。现代图书馆信息管理的优化目标是要想读者之所想，急读者之所急，使信息资源共享机制健全，实现利益互补，进而能够更好地为读者提供优质的服务。

（三）硬件和软件投入的增加

现代图书馆信息管理的信息化是一项复杂的系统工程，在这个系统工程中的技术设备、人力资源、业务流程重组等其他方面，都需要投入大量的资金。现代图书馆信息管理的优化，一方面加快了图书馆的网络化进程和服务现代化的发展，并且使图书馆传统业务技术手段得以改变，改变了传统图书馆信息资源的现状，使图书馆信息资源得以深度开发和普遍共享，信息服务能力和文献保障水平得以提高；另一方面要不断为现代图书馆添置专业性的设备，在开发为读者提供特殊服务方面独辟蹊径，加强

现代图书馆网络导航服务。所以，图书馆在硬件和软件方面应不断增加经费的投入，进而能为读者提供形式多样的服务，促使现代图书馆图书信息管理优化中网络信息之间互动的形成和信息资源保障制度的创建，进而能够在实现网络化上提供软、硬件的保障。

（四）加强图书馆管理与服务的信息化与数字化

现代图书馆信息管理的优化不仅是信息资源的数字化，还是图书馆管理与服务的信息化和数字化。在信息技术高速发展的今天，电子产品的快速普及，图书馆的功能已不是仅仅为公众提供文献资源，这就要求现代图书馆的重要资源要制作传播快捷，内容生动形象。因此，在信息管理优化中，要把图书馆的电子信息资源建设作为重点建设内容之一。

三、推动图书馆信息服务作业系统优化管理

（一）图书馆信息服务作业系统

所谓图书馆信息服务作业系统，就是把能够产生图书馆信息服务质量的各种资源按系统方式组织起来，形成一个有机的服务整体。在服务提供者的眼里，这一作业系统或许是由几个独立的部分组成，但用户则把这一系统看成一个统一的整体。在这个整体中，用户是服务生产的参与者，是服务质量的最终评判者，用户与图书馆信息服务作业过程发生互动作用。因此，用户成为图书馆信息服务作业系统的一部分。图书馆信息服务作业系统是一个由两部分（接触部分和辅助部分）构成的统一体。

1.图书馆信息服务作业系统接触部分及其作用

接触部分是用户与组织提供的服务发生关系时所能够看得见和体验到的事物，包括用户及用户直接接触到的能够产生服务质量的各种资源。用户与服务组织的直接接触过程中，产生了服务管理学所谓的"真实瞬间"——它是顾客对组织服务质量最集中的体现和感知。

图书馆信息服务作业系统中，直接接触的部分包括：第一，介入服务作业系统的用户。服务同时性的特点，即服务的生产和消费的不可分离性，导致用户不再是被动

的服务接受者，成为在消费服务的同时，积极参与服务生产的重要组成部分。用户参与的态度、用户素质、用户心理、参与程度等直接影响着服务组织的服务生产及质量。例如，图书馆参考咨询服务质量的好坏，用户的互动相当关键，用户的反馈信息起着重要作用。

第二，服务组织的一线员工。一线员工即直接与顾客或用户接触的服务人员。服务过程中，不管以怎样的方式，不管谁，只要与用户或顾客进行了直接接触，都可以被看作一线员工。一线员工是服务作业系统的关键资源，起着承前启后的作用。一线员工在与顾客或用户接触的关键时刻，把组织的服务文化，组织的优质服务质量提供给顾客或用户，同时，通过观察、询问了解顾客或用户的相关信息反馈给组织，以备更好地满足顾客，提高组织的服务质量。员工与顾客间互动营销对确保服务质量，使每一个真实瞬间都能够达到顾客满意具有十分重要的作用。

第三，服务组织的经营体制与规章制度。任何一个组织都有相应的经营体制和规章制度作为员工或用户行动的指引。一定的经营体制和规章制度反映了一个组织特定的经营理念和文化内涵。它会影响到员工的工作状态、用户的服务消费、服务生产的协作，进而影响服务质量的提供等，因此具有正面效应的经营体制和规章制度是服务导向型的，反之，需要调整改进。

第四，服务组织的设施设备。在图书馆信息服务作业系统中，包括计算机、缩微阅读机、复印机、网络系统、文献或电子网络资源、环境等。用户在接受服务时都会或多或少接触到，因此，这不可避免地会影响到服务质量，包括技术质量和功能质量（如美感、舒适度、便利等）。

根据现代服务管理理论，用户、一线员工、经营体制与规章制度、设施设备与物质资源共同构成了一个完整的服务作业系统。四个方面相互作用，协调一致，才能保证服务系统整体功能的实现和服务作业系统服务质量的提高。

2.图书馆信息服务作业系统辅助部分及其作用

用户在与服务组织的接触过程中，很少看到或想到前台后面的情况，并不知道服务生产与提供同样离不开后台辅助部分系统的支持和帮助。后台辅助部分包括管理人员、后台职能部门人员和相关物资部门。在图书馆信息服务系统中，图书馆信息服务过程中的信息收集、组织、编纂以及网络系统的运行、维护等人员及其工作不易被用户直接看到或理解,有时后台良好的服务甚至被前台一时的不周到服务全部抹杀。因此,高质量的服务是一个整体系统行动的结果,其中每一环节之间都是紧扣的。辅助部分具有支持作用,芬兰著名服务营销学家格鲁诺斯认为后台辅助体系应为前台操作体系提供以下三类支持,即管理支持、后台工作支持和系统支持。

(1) 管理支持

管理支持是指有关管理者在自己的日常工作中给予下属的支持。管理者的支持是服务人员创新的关键,是服务质量提高的基础。管理人员应加强组织战略的设计和建设,营造平等、开放、创新的服务环境,培育全员服务的组织文化,树立服务导向,努力加强为内部和外部顾客服务的意识。为此,图书馆信息服务作业系统的管理者在不断提高能力的同时,努力建立与服务人员的伙伴关系,鼓励他们更好地服务内外用户,同时也应身体力行地做好垂范。

(2) 后台工作支持

提供给用户的最终服务的实现往往离不开后台辅助部门员工的工作支持。从管理学的角度分析,服务组织内同样存在顾客与服务。它显示了作为辅助部门员工同一线服务人员之间、辅助部门员工之间的服务与被服务的关系及其对服务质量的影响状况,可以说内部服务与外部服务一样重要。图书馆信息服务各环节无不体现了这一相互服务与支持的关系,每一个员工都应形成良好的服务意识和行为,把用户第一的理念贯穿于图书馆信息服务的全过程。

(3) 系统支持

现代信息技术和网络技术的发展,大大改善了服务组织的工作环境和工作条件,也提高了服务员工的工作效率和热情。从大的服务环境来看,图书馆信息服务组织应从组织系统结构,组织授权方面给予员工充分的自由,最大限度地开发员工的主动性、积极性、创造性潜能,让员工能够灵活自主地为用户提供优质服务,切实起到系统支持的作用。

以上讨论是基于把图书馆信息服务作业系统看成独立的组织单位。实际上,图书馆信息服务作业系统和其他系统共同形成了一个更大的网络系统,共同发挥着服务用户的作用。同时，每一个系统又由若干个子系统组成，并相互作用。图书馆信息服务作业系统应认清自己作为子系统的地位和作用，协调好同其他服务系统的关系，又要处理好内部各子系统间的关系，才能更好地为用户提供更优质的信息服务，确保图书馆信息服务的整体质量。

（二）图书馆信息服务作业系统的要素及其关系

1. 图书馆信息服务作业系统的要素及其相互关系

按服务理论，在服务方与用户的互动接触中，关键时刻至关重要，用户的感知质量不仅仅是部分服务的体现，也是图书馆整体系统服务功能的再现，为此，图书馆信息服务组织应合理恰当地组织安排图书馆信息服务作业系统各种资源（要素）。图书馆信息服务作业系统的要素可以引进企业系统的要素来分析和阐释。

首先，考察服务观念与用户的关系。图书馆信息服务作业系统在自己战略目标的指引下确立全员服务观念，通过开展用户调研工作和其他渠道的信息反馈确定用户需求，并在此基础上合理调配作业系统资源，围绕用户需求提供服务以满足其需求。用户成为服务生产的一部分，用户的素质、情绪、参与程度等对服务质量有着直接的影响，因此，用户的相关信息对服务系统整体服务策略的实施，服务效益的体现十分重要。同时，用户与服务人员接触的关键时刻，是作业系统服务观念与用户互动沟通，服务承诺兑现的过程，通过服务的技术质量和功能质量的体现，实现用户服务质量的感知。如果用户满意，系统的服务观念就得以贯彻，反之服务观念则需进一步改进。二者的互动、协调统一成为服务质量过程控制的关键。图书馆信息服务作业系统要努力维持和发展与用户的长期伙伴关系，以实现生产和提供优质服务的能力和目标。

其次，考察服务观念与员工的关系。服务观念从本质上来看是服务作业系统组织文化的一部分，而组织文化是通过员工的服务活动和综合素质体现出来，这些都对服务绩效的好坏起着至关重要的作用。因此，组织内部员工是服务过程控制的重要组成部分。员工包括一线员工和辅助员工。就图书馆信息服务作业系统来说，主要包括图书馆信息服务提供者和图书馆信息收集、组织、加工、保管和网络系统维护人员及相关管理等服务人员。将图书馆信息服务观念转化为具体的行动，需要作业系统采取各种措施对员工进行培训、吸引和留住员工，积极有效地激发图书馆信息服务人员的主动性、创造性、积极性，努力将服务观念与图书馆服务人员的态度、行为保持一致，通过上下一致的服务步调，体现图书馆信息服务系统的组织文化和战略目标，提升图书馆信息服务的整体质量。反之，将会影响图书馆信息服务的整体质量和形象。

第三，考察服务观念和管理体制的关系。管理体制包括经营方式、规章制度、技术装备和物质资源的利用与配置等方面。如果以上称为服务过程控制的"软件"，则这些是服务过程控制的"硬件"装备，是服务观念转化的物质基础。它们的好坏以及利用状况，决定着服务观念转化为实际产出的多少。当然，这不是完全绝对的，实际中不能忽视"软件"的作用及其他情况的介入。而内部管理体制服务观念的一致性相当重要，因此，就图书馆信息服务而言，内部的一些管理规定、服务制度、技术装备等的管理要与图书馆服务人员执行服务观念的行为相一致，否则会影响和制约服务人员的服务质量。

此外，用户与管理体制之间的关系也是图书馆信息服务作业系统需要协调的重要方面。管理体制的制定要以用户需求为导向，体现为用户服务的观念。同时，要让用户明确图书馆信息服务的各项规定、服务内容、承诺等，对此不能模棱两可，否则适得其反。用户与服务人员的关系，同样是图书馆信息服务作业系统控制的关键环节。服务员工是图书馆信息服务系统管理好服务质量的关键，尤其是与用户接触的一线员工。服务员工作为一个跨越边界的角色，构成了组织和顾客的持续纽带。图书馆信息服务人员必须有意识、有能力应对灵活多变的环境，富有创新精神，具有现代信息环境要求下的多种综合素质，以提供高质量的信息服务。因此，图书馆信息服务人员要不断地学习，图书馆信息服务系统要注意服务人员的素质建设。

2.图书馆信息服务作业系统的内部营销

图书馆信息服务各要素之间的关系通常错综复杂，同时，图书馆信息服务本身就是一个复杂多变的活动或过程。因此，图书馆信息服务作业系统服务过程的各个环节都是相互联系和作用的，只有对每一个环节都加以合理地控制，才能确保整个服务系统的协调，保证图书馆信息服务整体质量的控制。

因此，按照服务营销管理理论，图书馆信息服务作业系统内同样存在内部营销和服务。即图书馆信息服务系统内部存在内部供求关系。图书馆信息服务系统的每一个员工既是服务提供者,又是服务接受者,最终才是外部用户感知的服务。内部顾客或用户的观念和意识为图书馆信息服务组织内部运作建立了全新的衡量标准。图书馆信息服务系统的服务流程中,每一个服务环节都是前一环节的顾客,同时又是下一环节的服务提供者,任何一个环节出现问题,都会影响顾客或用户可感知的总体服务质量。例如,图书馆咨询服务的完美实现,依赖于图书馆信息服务系统高水平的信息组织以及图书馆网络维护部门的大力支持。只有满意的员工,才有满意的用户,才有图书馆信息服务的最大价值。内部顾客或用户所得到的服务要像外部顾客用户所期望得到的一样,这一点绝对必须做到。也就意味着,服务质量绝不仅仅是外部用户可以看到的那些职能部门所独有的责任,提供良好服务质量的责任遍及整个图书馆信息服务系统。为此,图书馆信息服务系统的管理者应努力营建组织文化,强调和贯彻服务意识,使每一位员工都认识到服务于人的意义和重要性,并以身作则,将意识转化为服务行为。同时,在组织服务文化指引下,以用户导向为原则合理组合与配置图书馆信息服务作业系统中所有能产生服务质量的各种资源要素,使各要素相互协调和平衡,实现内部用户的忠诚,以保证图书馆信息的高效益。

(三)利用作业系统进行图书馆信息服务过程的优化控制

"人们在时间中发现,靠对结果的控制难以解决质量问题,它确实不好评价质量,管不住更管不好质量。但结果是由过程创造的,如果能把创造结果的过程管起来,使过程成为一种顺应客观规律的优化过程,那么,成效就会更理想。因为,过程是由一个个因素构成的,而这些因素是具体的,便于评价,便于控制的。"

图书馆信息服务作业系统的管理也是对图书馆信息服务的一个个工作环节整体过程的控制,其包括两方面:一是开发图书馆系统中能够产生服务的各种资源,二是协调这些资源之间的相互关系。图书馆信息服务作业系统的整个管理过程,包括从信息的收集、整理、加工、存储到信息服务的提供等各个环节的管理项目、管理重点等,尽管各有区别,但是从宏观来看,都包含服务质量的管理、服务创新的管理、服务效益的管理三方面,对图书馆信息服务作业系统的管理就应从这三个方面进行整体的把握和理解。

1. 图书馆信息服务的质量管理

服务质量管理是服务管理的核心,它一直是服务管理领域关心和研究的热门课题。由于服务本身的特点以及更多的人为干预,使得服务质量很难控制和评价。为此,服务管理研究人员做了相当大的努力,尽量做到服务标准化、程序化、规范化。

对于图书馆信息服务而言,图书馆信息服务有其自身的特点。例如,图书馆信息服务的知识化特点,使一些指标不易进行量化评估,这样图书馆信息服务质量很难得到控制。

尽管如此,将服务管理领域先进理论与图书馆信息服务及其管理自身特征结合起来,进行理论和实践的探讨,努力将图书馆信息服务质量控制在最好的状态是现实需要和当务之急。此处,依据服务管理和全面质量管理的相关理论,提出进行图书馆信息服务质量管理的相关原则,即顾客导向原则,授权和员工受教育原则,系统与过程持续改进、创新原则。第一,顾客导向原则。图书馆信息服务质量是由图书馆信息服务用户感知质量的优劣程度决定,因此,只有满足用户的服务,才能真正体现图书馆信息服务的价值。事实上,多数的服务质量与服务提供者、顾客面对面的接触瞬间有关,服务接触是服务质量和顾客满意建立的区域。因此,只有图书馆信息服务系统与用户及时有效地互动,才能充分实际地研究用户的需求,了解用户的期望,分析用户需求心理和需求变化,满足用户的相关需求。前面谈到的顾客导向促进服务利润的关系说明顾客需求是企业生存的基础。因此,图书馆信息服务系统在用户研究的基础上,保障保健因素,创造和开发激励因素,不仅要满足用户的需求,甚至超越用户的需求与期望,以提升用户的忠诚度,从而提升图书馆信息服务的市场占有份额,增强图书馆信息服务的竞争力和生存力。图书馆信息服务系统要制订服务战略,一切图书馆信息服务工作都应服从和支持用户满意服务战略,实施全员服务战略,制订用户发展的远景规划,给用户提供最好的服务。

第二,授权和员工受教育原则。服务组织中服务质量优劣的关键是服务员工,特别是与顾客或用户接触的一线员工的表现。图书馆信息服务是一个系统的整体的服务过程,服务质量的提升不是一两个人的事情,它需要全体员工的共同努力和参与。图书馆信息服务系统要具备相互配合的工作作风与团队精神,要充分调动和发挥服务人员的积极性、主动性、参与性和创造性，这对服务质量起着至关重要的作用。那么，就服务人员的管理问题来说，管理学家进行了相关的研究，认为授权是提高员工满意度，提高工作效率和服务价值的有效途径。授权是一个建立在合作基础上的交互式的过程，是组织中的成员通过合作、分担工作任务和共同工作来树立、发展和增加员工的权利。授权使得服务员工在服务传递的过程中有一定的自主性，它会带来许多利益：一是服务员工在服务实施中能对顾客要求做出更快的现场反应；二是服务员工在服务补救中能对不满意顾客做出更快的现场反应；三是服务员工对工作及其自身感觉更好；四是服务员工会更热情地与顾客互动；五是被授权的服务员工是服务创意的源泉；六是顾客眼中的活广告。图书馆信息服务是一种知识化的服务，有时其各服务环节难以管理和控制，这更要求对服务人员加以人本管理，进行适时适度的授权，增强其服务中的自主权，以便在他们的责任和权利范围内及时、灵活地处理解决图书馆信息服务中的问题。为此，图书馆信息服务管理系统应在平等、开放的平台上确立组织的共同愿景（即图书馆信息服务系统试图实现其目标的战略规划或蓝图）。具体来讲是让员工充分参与组织目标的制订，合理、恰当地采纳图书馆信息服务员工的建设性意见，将组织的愿景与服务人员的个人发展目标合理衔接。并且，管理者要充分信任员工的能力和智慧，并对员工的工作寄予很高的期望。同时，设立员工管理和精神上的目标，谨慎使用职位权利，限制使用强制权利。图书馆信息服务系统通过这种信任、平等、沟通与参与的授权管理，不仅增强了员工的工作积极性、主动性和创造潜力，增强了员工自我价值的实现意识，促进了组织内员工之间人际关系的改善，促进了图书馆信息服务系统整体服务质量的提升。图书馆信息服务系统员工必须不断地学习以更好行使授予自己的权利，创造性地完成赋予的任务。管理者要鼓励员工进行各种形式的学习，同时创造机会培训和继续教育员工，一来使员工对组织的目标及其重要性有统一的认识；二来使组织的共同愿景与员工的个人目标相统一；三来可以开发员工的创造力，促进组织持续的竞争力，提升图书馆信息服务质量的整体效益。需要指出的是授权管理要求建立切实的员工反馈机制与系统，否则，授权的真正意义将无从谈起。

第三，系统与过程持续改进、创新原则。在《第五次修炼》中，作者指出，系统是一系列相互联系的实体，这些实体接受输入，然后通过转换增加价值，产生输出，来完成所设定的系统目的、使命或目标。图书馆信息服务组织也是一个具有明确目的或使命的系统——其目的就是为用户提供优质的信息服务。同时，每个系统又是更大系统的一个子系统，并且，每个服务系统同时由若干个子系统组成。而过程是指获得结果的一系列活动。一个系统通常包含若干个运作过程。图书馆信息服务系统通过信息收集过程、保管过程、组织过程、系统维护过程和信息传递过程服务于用户，满足他们的需求。系统对图书馆的服务质量起着支持性的基础作用。图书馆信息用户需求的动态性要求图书馆信息服务质量的动态发展，而作为基础支持的图书馆信息服务系统必然要不断地改进和创新以适应这种变化和需求，保证优质服务质量的持续提供，保持用户的忠诚。创新是一个组织持久的竞争优势，是服务质量的保证。系统各个部分之间是相互关联和相互依赖的，要提高各个环节和各个过程中的服务质量，在图书馆信息服务改进与创新中必须系统思考和处理面临的问题。实际上整个图书馆信息服务的全过程都应进行系统思考。系统思考，就是要求全面细致地分析图书馆信息服务各个环节或过程；其次，要动态思考问题，防止静止思考。系统思考强调系统内的合作和平等参与，因为组织运作只有在整体和谐的情况下，才能实现组织的既定目标。

2. 图书馆信息服务创新管理

创新是一个组织持续的竞争力，组织只有不断创新才具有不断发展的生机和活力。组织的授权和员工不断的学习奠定了组织的创新机制，尽管如此，还是有许多因素阻碍创造力的发挥。例如，过于强调管理、短期思维或企图以较少投入获取较大利益（紧缩预算、裁员、缩短生产周期等）都会限制创造力的发展。因此，在实践中，组织应尽量减少和克服这些阻力，努力营建组织不断创新的环境和氛围。就图书馆信息服务作业系统来说，图书馆信息服务系统应在组织服务管理观念、服务管理组织形式、服务管理制度、服务管理技术等方面进行创新和完善。图书馆信息服务系统中，员工共同参与制定共同愿景以及人性化管理的实施等方面无疑都促进了图书馆信息服务人员智慧的发掘和创新潜力的开发。在共同愿景的驱动下，图书馆信息服务人员积极参与组织的各项工作，发挥聪明才智，勇于创新，使图书馆信息服务从平庸走向辉煌，实现图书馆信息服务的最优化。

3.图书馆信息服务效益管理

效益实际就是组织投入和产出的关系。图书馆信息服务效益具体表现为经济效益和社会效益。经济效益指通过信息的利用带来的生产、经济和科学教育等方面的间接利益以及图书馆信息服务本身获得的直接利益；社会效益主要体现在文化、教育等社会领域内的利益或效益。图书馆信息服务的目的是降低总体服务成本，最大限度地挖掘图书馆信息服务的效益。同时，正确处理好图书馆信息服务的经济效益和社会效益的关系也是过程控制，提高服务质量的关键。

第二节　图书馆信息管理系统优化与发展

一、现代图书馆信息管理系统优化发展的必要性

（一）现代科学技术已经渗透到图书馆管理的各个环节

毋庸赘言，图书馆不仅是传播文献信息资源的枢纽，而且是保存和传播人类文明成果的重要场所。随着信息时代的到来，各种现代信息技术被广泛应用于图书馆的各个工作环节中，计算机在图书馆办公自动化领域的应用日益广泛，图书馆信息化建设得到了迅猛发展，在信息资源的保存、管理、传播、使用的过程中，采用了现代化管理方式和手段，克服了传统信息资源得不到有效利用和共享的弊病，所以产生了深远的影响。同时，按照信息社会的要求，图书馆充分利用现代信息技术，组织、开发和管理图书馆的信息资源，并建立信息管理系统，为图书馆用户提供优质信息服务。图书馆信息管理系统运用信息化的手段来收集、存储和处理各种文献信息，从而形成新信息资源的生长点和辐射点。

（二）现代图书馆信息管理系统的应用是信息社会发展的需要

信息时代的到来对我们生活的各个方面都产生了深刻的影响，图书馆的管理也随着时代的发展出现了信息化的管理方式。在传统的观念中，信息的来源以图书为主。随着信息技术的应用和网络化的发展，这种观念已经过时了。目前，先进的信息技术

已在各行各业得到普遍应用。同样，加强信息管理也是图书馆活动的客观需要。图书馆拥有丰富的文献信息资源，是社会信息系统的重要组成部分，在信息社会中的作用愈来愈重要。因此，图书馆要有效地完成社会赋予的任务，就要实施信息管理。有了图书馆的信息管理，就会产生图书馆管理知识的不断飞跃。这就使传统的图书管理模式及管理思想也在不断发生变化，图书馆管理向信息化管理方向发展成为必然趋势。

（三）现代图书馆信息管理系统的应用是图书馆深化信息服务的需要

图书馆是普及科学文化知识、提高公民素质的重要场所，是实施终身教育的大课堂。随着信息技术的发展和信息量的快速膨胀，新型的载体形式大量涌现。与此同时，在新技术革命浪潮的冲击下，作为搜集、整理、存储、传播文献信息的图书馆，其专业化程度和社会化程度也越来越高。因此，现代图书馆信息管理系统的应用也成为公共图书馆实现资源共享、深化信息服务的客观需要。它将从整体上改善图书馆工作，并为基层读者提供更好的服务，从而促进公众素质的提高。

（四）信息技术的现代化已成为图书馆优化管理的发展趋势

当今时代，数字化信息已经占主导地位，虚拟空间将成为人际交流的主要平台。随着信息化程度的提高，将信息化管理引入图书馆管理中是图书馆现代化管理发展的必然趋势。现代信息技术是以计算机为基础、以网络传播为核心的技术。众所周知，现代社会人们的信息来源已不仅是书本，而是能更快、更好、更全面地获得信息的网络资源，信息技术的现代化已是大势所趋。如今，通过知识信息化管理，能够更清楚地了解读者的需求，从而提高图书馆为读者服务的能力。这使得信息资源的开发与利用被提到一个更高的层面，同时，信息存贮、加工、反馈和处理技术的发展以及信息意识的强化，都对图书馆信息服务工作提出了新的更高要求。

二、现代图书馆信息管理系统优化发展策略

（一）全力改变传统管理方式

图书馆要想实现信息化管理，当务之急是摆脱传统观念的束缚，彻底改变固有的

管理观念，解放思想，破除陈旧的"封闭式服务"和"重藏轻用"的管理模式。要强化信息服务意识，树立信息化、竞争、创新、资源共享等服务理念。要充分认识信息化资源具有的传递性、实用性、商品性和知识性等重要特征。要把图书馆由传统的管理与服务模式转化为依托于信息化环境的先进的管理与服务模式。要从现代人的实际读书需求和信息需求出发，更好地为读者服务。

（二）进一步强化信息服务意识和理念

"读者第一，服务至上"是图书馆永恒的主题。因此，我们要坚持"以人为本"的服务理念，要重视读者、尊重读者、善待读者、方便读者、关心读者，更好地服务于读者。要想读者之所想、急读者之所急，不断健全信息资源共享机制，实现利益互补，从而更好地完成读者服务工作。

（三）不断增加硬件和软件投入

信息化是一项复杂的系统工程，涉及图书馆众多的技术设备、人力资源、业务流程重组等各个方面，这些均需要资金的投入。信息化在图书馆管理系统中的实际应用，不仅强有力地推动了图书馆网络化进程和服务现代化的发展，改变了图书馆传统业务的技术手段，而且实现了信息资源的深度开发和普遍共享，全面提升了图书馆信息服务能力和文献保障水平。因此，图书馆应不断增加硬件和软件的经费投入，添置专业性的设备，不断开发为读者提供特殊服务的功能，加强网络导航服务，向公众提供多层次、多样化、专业化的数字图书馆服务，促使图书馆网络互动的形成和信息资源保障体系的建立，为实现网络化提供各种软、硬件保障。

（四）全面推进图书馆的电子信息资源建设

图书馆的信息化不仅是信息资源的数字化，也是图书馆管理与服务的信息化和数字化。近年来，电子信息由于用户群体广泛，制作传播快捷，内容生动形象，已逐渐成为图书馆的重要资源。因此，我们必须全面推进图书馆的电子信息资源建设，进一步把图书馆建设成为服务规范、勇于创新、尊重人才、尊重知识、尊重科技的重要场所，从而更好地满足人民群众的文化生活需要。

第三节　图书馆服务环境的优化

一、图书馆服务环境的构成要素

关于图书馆服务环境的构成要素，国内学术界目前尚未达成一致意见。有学者认为，服务环境包括物质和设备；也有学者认为，图书馆服务环境应该包含情境、资源、支持工具、人和服务活动五大要素。综观国内外学术界关于图书馆服务环境的研究成果，结合图书馆的构成要素和网络化信息化的时代背景，笔者认为，图书馆的服务环境应该包括服务资源、服务空间布局、信息技术条件、服务制度以及服务活动五种要素。

（一）服务资源

图书馆的服务资源主要是指图书馆的人力资源、文献信息资源以及图书馆的设施设备。人力资源是图书馆服务环境中最具能动性的要素，图书馆工作人员是联系文献信息资源和读者的纽带，不仅是文献信息资源的组织者和传播者，还是图书馆服务活动的提供者，在整个图书馆服务活动中起着导航的作用。文献信息资源在图书馆的服务环境中处于基础与中心的地位，既包括现实馆藏，又包括虚拟馆藏。毫无疑问，文献信息资源是图书馆存在的最主要标志，也是图书馆开展各种服务活动的基础和重要保障。图书馆的设施设备主要包括外部环境、馆舍建筑、内部装修、导引标识以及各种电子设备、打印设备、语音设备和为残疾人提供的各种必要设施，这些都是图书馆开展服务活动的重要物质保证。

（二）服务空间布局

图书馆的服务空间布局主要包括图书馆建筑的整体空间设计、各功能区的科学布局、设施设备的布局和摆放等。图书馆一般分设五个功能区，即书刊典藏区、书刊阅览区、电子文献阅读区、读者咨询区和读者休闲区。服务空间的布局关系到读者对图书馆的第一印象，良好的空间布局有利于树立图书馆的美好形象和读者对图书馆的高效、合理利用。

（三）信息技术条件

信息技术条件主要指与图书馆服务有关的信息服务技术和网络技术：信息服务技术主要指集成平台技术、信息推送技术、信息跟踪技术、信息聚类技术、跨库检索技术以及信息交互技术等；网络技术则包括网络信息平台、网络化图书馆服务系统及网络安全技术等。它们既是当前复合式图书馆提高其服务质量的重要条件，也是构建信息服务平台的重要支撑。在现代社会，信息服务技术显得尤为重要，它不仅标志着图书馆的服务模式实现了由传统被动服务向现代主动服务的巨大转变，还延伸了图书馆文献信息服务的范围和功能。例如，在图书馆 Web2.0 中，RSS 和 Podcast 就被广泛地应用于信息推送服务，从而满足了读者个性化信息的需求。作为图书馆开发与利用文献信息资源的重要工具，信息技术条件将发挥越来越重要的作用。

（四）服务制度

图书馆的服务制度主要包括国家有关机关制定发布或认可的有关图书馆服务活动的法律、法规及政策，同时还包括图书馆自行制定的各项服务制度与规定。图书馆服务制度的作用主要在于：第一，指引和规范图书馆服务环境的构建，保证图书馆机制的有序运行；第二，协调图书馆服务环境各种构成要素之间的关系，提高图书馆工作的效率。总之，服务制度是图书馆服务环境的重要组成部分。

（五）服务活动

图书馆是服务性机构，它的一切工作都是围绕服务来展开的，服务是图书馆的终极目标和根本目的。因此，服务活动在图书馆环境中处于核心地位。有学者指出，图书馆的服务活动主要包括服务管理、服务手段、服务方法、服务交流等。笔者认为，在服务活动中所体现出来的服务理念、服务态度也应包括在内。总之，优化图书馆服务活动应该是一个系统工程，需要全方位、多层次地考虑。

二、优化图书馆服务环境的重要意义

（一）服务环境是图书馆服务的前提与条件

文献信息资源体系奠定了图书馆赖以存在和发展的物质基础，任何一个图书馆如果失去了文献信息资源的支撑，就会成为无本之木，无源之水；图书馆工作人员是图书馆服务的组织者和管理者，他们不仅是连接读者和图书馆文献信息资源的桥梁和纽带，还直接或间接地影响着读者对图书馆服务活动的评价；建筑设备为图书馆服务提供了物质条件，图书馆建筑的整体空间设计，图书馆设备设施的布局、设计与现代化程度都会对图书馆服务的功能和水平产生极大的影响；信息技术条件是做好图书馆服务工作的主要手段，在现代社会中，图书馆的技术水平将在很大程度上决定图书馆所能收集的文献信息资源数量以及服务的方式与手段；服务制度能为图书馆服务活动的开展营造一个良好的秩序，对图书馆服务工作的开展起着规范协调的作用；服务活动在图书馆服务环境中处于核心地位，图书馆所开展的各项活动只有面向广大读者才具有价值。因此，服务环境是图书馆存在的依据，是图书馆服务的前提与条件。

（二）服务环境制约着图书馆服务活动的内容

图书馆服务活动的内容受到历史条件、经济水平、科学技术等诸多因素的影响，是各种因素综合作用的结果。处于特定时期的图书馆，其自身的服务环境极大地制约着服务活动的内容。在传统图书馆时期，由于受到技术条件等诸多因素的影响，其开展服务活动仅仅局限于本馆可以利用的现实馆藏文献信息资源；在网络环境下，图书馆通过利用各种现代信息技术，不仅极大地丰富了馆藏文献信息资源，还实现了文献信息资源的共建共享，使读者不仅可以利用一个图书馆的现实馆藏文献信息资源，还可以方便快捷地获取图书馆可以共享的馆外文献信息资源。

（三）服务环境影响着图书馆服务管理的过程与功能

图书馆服务环境的各构成要素相互影响、相互制约，任何一个要素发生变化，都会影响图书馆服务环境整体功能的发挥。图书馆工作人员作为服务活动的设计者和管理者，其地位十分突出。面对大量分散杂乱的文献信息资源，图书馆工作人员要能够运用各种信息技术，对文献信息资源进行搜集、选择、加工、分析、整序，并使之得到优化。此外，在网络信息时代，图书馆工作人员还充当着文献信息资源导航者以及文献信息资源利用培训者和教育者的重要角色。可以说，图书馆工作人员综合素质的高低直接影响着图书馆服务管理的过程与功能。因此，作为服务管理主体的图书馆工作人员应该努力提高自身的综合素质,使图书馆的服务管理能够更加高效有序地运行。图书馆作为服务性社会文化机构,最大的功能就在于满足读者对文献信息的需求。为了最大限度地发挥为读者服务的功能,图书馆必须提供优质丰富的文献信息资源,营造良好的实体环境和人文环境,并致力于现代化环境的打造,这些都是图书馆服务环境的重要组成部分,并在很大程度上影响着图书馆服务功能的发挥。

三、图书馆服务环境的优化策略

(一)建设高素质员工团队和优化图书馆文献信息资源体系

图书馆工作人员的综合素质、工作态度和工作方法等都会直接影响读者利用图书馆的效果,因此,对图书馆服务环境进行优化,首先就应该建设一支高素质的员工队伍。要通过学习和培训的方式,提高图书馆工作人员的业务素质和综合素质。文献信息资源建设是图书馆服务环境优化中最基础的一环,为图书馆的整个服务活动提供物质保证。在网络环境下,文献信息资源种类繁多、形式多样、分布广泛,并呈现出急剧增长的趋势。图书馆作为信息与知识的集散地,有必要对分散无序的文献信息资源进行组织整序,并使之优化升值。

(二)改善图书馆的功能布局

图书馆建筑和设施设备的设计与布局,读者能够直观地感受到,对读者的影响也最直接的。优良的图书馆建筑设计与布局,首先应该与自然环境融为一体,并具备现代化的设施设备和各种人性化的便民服务。其次,应该对各服务功能区进行合理的规划和布局,根据各功能区的特点进行装饰并设置合理的交通线路。例如,图书典藏区应该布局在楼层比较低的地方,这样既方便图书馆运送书籍,也便于读者借还图书。此外,书刊阅览区也应该布置在附近区域,以便实现书刊互补,既为读者提供丰富的图书资料,也方便读者通过阅读期刊,获取最新的知识与信息。总之,图书馆应该本着以人为本的原则,对其空间设施中的功能布局进行合理设计,以便充分发挥所藏各种文献信息资源的作用,提高读者利用图书馆的效率和水平。

（三）实现技术环境现代化

随着电子计算机的日益普及和通信技术与网络技术的不断发展，图书馆传统的工作模式已经发生了明显的改变，图书馆的服务环境逐步走向现代化，特别是技术环境日益走向现代化。复合式、一站式的服务环境需要现代化信息技术作为支撑，图书馆服务集成平台的建设也更加需要现代化信息技术。可以说，实现技术环境的现代化和自动化已成为大势所趋。为了实现技术环境的现代化，图书馆首先应重视技术设备的现代化建设，加大对现代化设施设备的投入力度。同时，应充分利用各种网络技术丰富虚拟馆藏建设，建立与完善本馆的文献信息数据库。此外，为了给读者提供更加优质的服务，图书馆还应不断探索新的服务模式，通过构建融信息资源信息技术和服务活动为一体的信息共享空间，实现专业的知识门户站点服务、网络资源导航服务以及图书馆 Web2.0 服务，使读者能够不受时间、空间的限制，可以随时随地获取自己需要的文献信息，以实现图书馆服务环境优化的目标。

（四）建立和健全图书馆的规章制度

图书馆的规章制度包含丰富的内容，一个完善的图书馆规章制度体系，应该包括图书馆法、图书馆组织政策、图书馆文献信息资源政策、图书馆读者服务政策、图书馆人事政策、图书馆经费政策、图书馆建筑政策以及图书馆现代化政策等。每个图书馆都应该以图书馆法为依据，并结合本馆的实际，制定出一套科学合理、健全完整的规章制度体系。在优化图书馆服务环境的整个体系中，建立和健全图书馆规章制度处于全局性的指导地位，对于图书馆的健康有序运行以及图书馆管理水平的提高起着至关重要的作用。

（五）服务活动人性化

"读者第一，服务至上"是图书馆工作的主旋律。图书馆一切工作的开展都在于最大限度地满足读者的文献信息需求，都是围绕服务活动来展开的。在网络信息时代，读者对文献信息的需求越来越个性化、精品化，对图书馆服务环境的要求也越来越高，这就迫切需要图书馆开展更加人性化的服务活动。所谓服务活动人性化，就是针对各层次、各类型读者的需求，为他们提供具有针对性的、更加深入细化的服务。在当前环境下，图书馆服务活动的人性化，已经成为促进图书馆服务功能发挥的重要因素。

第四节　高校图书馆数字化服务管理及优化

一、优化组织结构

在新的发展趋势下，物理馆藏不再是知识传递的重心，传统的服务方式已不再是数字化服务的主要内容，原来以揭示文献资源外在特征的采访编目工作将被以主题、文摘等文献内容为特征的组织工作所取代。深层次的知识挖掘和组织工作，信息服务工作等数字化工作和服务已成为图书馆的核心竞争力。如参考咨询服务已成为国内本科院校图书馆评估的一项指标内容，可见它在图书馆的建设中起着举足轻重的作用。在这种情况，适时考虑图书馆的业务重组，才能更好地开展数字化服务。借鉴中山大学图书馆实行编目外包的方式，将传统服务工作简化，包括人员简化、资金简化。将人力、物力、财力进行调整，业务流程进行重组，切实将图书馆的重心放在加强数字化服务上，按照科学、规范、合理、高效的原则确保图书馆各项工作的顺利进行，并不断地迈向新的发展阶段。在数字化服务项目上，积极设立学科馆员，加强交流，拓宽对外服务的窗口。

二、实施标准化管理

建设数字图书馆要有一定的标准，同样，开展数字化服务也要遵循一定的规则。新技术、新需求推动了图书馆的发展，如果我们不按照统一的标准做工作，有可能会让建设的项目支离而不成体系，不仅不利于整个图书馆数字化服务环境的发展，也不利于整个图书馆的可持续发展，不利于馆际的共建共享。图书馆标准化管理，包括图书馆建设中的方方面面，数字化服务的标准化，包括服务实行的标准和服务评价的标准。目前，由中国图书馆学会牵头组织的《公共图书馆建设标准》编制工作已经初步完成。高校图书馆也应该联合起来，对数字化服务的方方面面制定相应的标准与规范，进一步推动高校图书馆数字化的发展。包括数字化服务资源建设与评价标准；数字化服务技术应用标准；数字化服务人员的从业标准、考核标准等。

要建立综合质量评价机制，真正强化服务质量与效益。要确保服务质量，就要建立标准并进行评价，图书馆的服务不具备实体商品的特性，因而评价其质量也不能从传统的物品特性出发。图书馆的服务是以用户的需求为出发点的，因而评价标准应该以用户满意为尺度。跟踪用户反馈，及时调整服务策略。创建服务主导的服务质量评价机制。质量评价制度要注重细节，从用户体验的角度换位思考，切实从用户需要出发。并且工作要常态化，图书馆的各项服务工作是不断充实调整的，读者的需求也是不断变化，不断有新情况出现，因而建立常态化的质量评价机制尤为重要。只有这样，才能使各项工作在良性循环下得到发展，实现效益最大化。

三、实施人文管理

（一）实施人文管理首先要研究用户心理，做好用户需求分析

满足用户需求是图书馆作为信息服务部门一切工作的出发点，也符合以人为本的管理理念，而只有对用户需求进行准确分析，才能使工作开展有的放矢，满足用户需求，取得预期效果。应该采取多种形式，灵活多样的调查分析来收集用户的需求，如开通荐书系统，让每一个用户甚至每一名学生参与到资源建设中来，切实从他们的需要出发。开展网上问卷，或是馆长信箱，并要有专人负责进行问题汇总与回复，要让读者的每一条意见或建设都有回声，而不能让他们觉得说了也白说，从而挫伤他们利用图书馆的信心。用户需求分析应实行长效机制，如新生入学后一段时间内对他们的需求进行了解，了解每一期的毕业生在进行毕业设计和论文写作时有什么样的需求，要始终如一地进行下去，成为图书馆的一项常规工作。

（二）应用新理念，切实服务用户

1.组建学生课业辅导

人性化的服务，并不一定需要多么高端的技术才能开展，哪怕只是一个小小的理念，一种为读者着想的思维就能够开拓出全新的服务方式。如学生课业辅导，学生进入大学以后，学习比较自主，但并不是他们就不再需要课程辅导，而大学中往往没有这种

平台。那么图书馆作为一个信息获取和交流中心，正好可以充当学生课后辅导的角色。图书馆可采取咨询馆员和院系教师专家联合的方式，甚至高校馆可以联合公共馆，或者只是充当其中的一个桥梁或中介，提供一种交流平台，创造一种交流环境。以人为本的服务和管理理念，就是要了解人的需求，满足人的需求。

2. 建设图书馆多功能学习中心

兰辛《作为场所的图书馆》一文中指出，当人们可以从网络获得所需要的一切信息时，为什么还要到图书馆去？这是因为网络并非应有尽有。人们到图书馆是为了获取其拥有的馆藏，也在很大程度上为了在那里亲身体验。图书馆中充满文化氛围，学习气氛浓郁，很多读者喜欢在这种环境中学习。所以不管网络多么便利，资源多么丰富，读者还是会到图书馆中来。在这种情况下，图书馆一方面要加强网络数字化服务，同时应该优化图书馆实体，参考"多功能学习中心"的理念与方式，把图书馆构建成多功能学习中心。

参考文献

[1] 张琳琳.图书馆知识管理发展趋势和知识创新能力创建[J].环球市场信息导报：月末版,2014(7):1.

[2] 吕智慧.图书馆管理创新研究[J].金卡工程：经济与法,2009,13(6):1.

[3] 余少瑛.试论图书馆事业管理的发展与创新[J].科技资讯,2011(9):221.

[4] 赵志远.浅析高校图书馆新时期管理工作的创新与发展[J].白城师范学院学报,2014(3):27.

[5] 田韵飞.新环境下高校图书馆管理创新研究[J].科技资讯,2015(7):1.

[6] 徐韵涵.基于信息化视角的图书馆管理创新研究[J].决策与信息,2016(26):1.

[7] 张宁.研究型大学图书馆管理创新研究[D].东北大学[2023-09-13].DOI:10.7666/d.y1843631.

[8] 李张春.高校图书馆信息时代下的管理模式创新研究[J].科学技术创新,2017(3):191-191.

[9] 周婕.高校图书馆管理的创新研究[J].才智,2014(9):09-091.

[10] 牛敏.高校图书馆数字参考咨询发展与管理创新研究[D].苏州大学,2023.

[11] 周韬.高校图书馆发展现状及管理创新研究[J].图书情报导刊,2011,21(15):104-105.

[12] 于晶晶.高校图书馆管理创新研究[D].对外经济贸易大学[2023-09-13].DOI:10.7666/d.y1070294.

[13] 李瑞平.浅谈新形势下图书馆管理创新[J].软件：教育现代化（电子版）,2014(13):1.

[14] 中国图书馆学会.图书馆发展与创新[M].北京：北京图书馆出版社,2003.

[15] 朱卫华,韩笑菊.高职高专图书馆建设管理和发展创新研究[M].天津：天津

人民出版社 ,1900.

[16] 闵锐 . 图书馆管理创新的发展趋势研究 [J]. 青春岁月 , 2013, 22(22):438.

[17] 寸淑梅 . 图书馆管理工作的创新发展策略研究 [J]. 北极光 , 2015(10):1.

[18] 闫秦 , 黄光纯 . 图书馆知识管理对图书馆管理的创新研究 [J]. 卷宗 ,2021(11)：150.

[19] 冯立明 . 做好图书馆管理工作的研究与探讨 [J]. 卷宗 , 2018(24).

[20] 彭丹 . 以人为本理念下高校图书馆管理创新研究 [D]. 西南大学 ,2014.

[21] 王树芳 . 数字环境中图书馆管理创新策略研究 [J]. 人物画报：下旬刊 , 2021, 000(001):P.1-1.

[22] 杨芙蓉 . 试论图书馆事业管理的发展与创新 [C]// 全国高校社科信息资料研究会第 12 次理论研讨会 .[2023-09-13].

[23] 戴星 . 数字化图书馆管理体系建构与服务育人理念贯彻——评《图书馆管理策略与阅读服务创新研究》[J]. 中国教育学刊 , 2020(11):1.

[24] 南春娟 . 农业高校图书馆管理与服务创新——评《高校图书馆创新发展研究》[J]. 中国农业资源与区划 , 2020, 41(2):2.

[25] 张颖 . 大数据时代高校图书馆信息资源管理的创新与发展 [J]. 武汉理工大学学报：社会科学版 , 2015, 28(3):18.

[26] 彭一中 , 凌美秀 . 复合图书馆管理创新研究 [J]. 图书馆学研究 , 2004(12):4.

[27] 王新明 . 高校图书馆人力资源管理创新研究 [D]. 河北大学 ,2023